U0153973

掌中書
010

論愛美與哲學修養

柏拉圖《會飲篇》
Symposium

柏拉圖——著
朱光潛——譯

五南圖書出版公司 印行

學識新知・與眾共享

——單手可握，處處可讀

「眞正高明的人，就是能夠藉助別人智慧，來使自己不受蒙蔽。」蘇格拉底如是說。二千多年後培根更從積極面，點出「知識就是力量」。擁有知識，掌握世界，海闊天空！

可是：浩繁的長篇宏論，時間碎零，終不能卒讀。

或是：焠出的鏗鏘句句，字少不成書，只好窖藏。

於是：古有「巾箱本」，近有「袖珍書」。「巾箱」早成古代遺物；時下崇尚短露，已無「袖」可藏「珍」。

面對：微型資訊的浪潮中，唯獨「指掌」可用。一書在手，處處可讀。這就是「掌中書」的催生劑。極簡閱讀，走著瞧！

輯入：盡是學者專家的眞知灼見，時代的新知，兼及生活的智慧。

希望：爲知識分子、愛智大眾提供具有研閱價值的精心之作。在業餘飯後，舟車之間，感悟專家的智慧，享受閱讀的愉悅，提升自己的文化素養。

五南：願你在悠雅閒適中……

慢慢讀，細細想

「掌中書系列」出版例言

一　本系列之出版，旨在為廣大的知識分子、愛智大眾，提供知識類的小品，滿足所有的求知慾，使生活更加便利充實，並提升個人的一般素養。

二　本系列含括知識的各個層面，生活的方方面面。生活的、人文的、社科的、藝術的，以至於科普的、實務的，只要能傳揚知識、增廣見聞，足以提升生活品味、個人素養的，均輯列其中。

三　本系列各書內容著重知識性、實務性，兼及泛眾性、可讀性；避免過於深奧，以適合一般知識分子閱讀的為主。至於純學術性的、研究性的讀本，則不在本系列之內。自著或翻譯均宜。

四　本系列各書內容，力求言簡意賅、凝鍊有力。十萬字不再多，五萬字不嫌少。

五　爲求閱讀方便，本系列採單手可握的小開本。在快速生活節奏中，提供一份「單手可握，處處可讀」的袖珍版、口袋書。

六　本系列園地公開，人人可耕耘，歡迎知識菁英參與，提供智慧結晶，與眾共享。

叢書主編

二〇二三年一月一日

目次

題解

會飲在希臘是一種慶祝的禮節。這次的東道主阿伽頌的悲劇上演得了獎，因邀幾位好朋友在家會飲慶祝。通常會飲有樂伎助興，因爲當天在座的是些哲學家（蘇格拉底）、悲劇家（阿伽頌）、喜劇家（阿里斯托芬）、科學家（醫生厄里什馬克）和詭辯派修辭家（斐德羅和保薩尼亞斯），他們決定用座談代替樂伎，在座的每人依次輪流作一篇愛神的禮讚。六個人從不同的立場，用不同的理由，對愛神大加讚揚了一番之後，門外忽然有一陣喧嚷，當時正在當權的少年政治家阿爾西比亞德斯醉醺醺地帶著一群人來祝賀。在座的人請他跟著作一篇愛神的禮讚，他作了，所禮讚的卻不是愛神而是蘇格拉底。所以《會飲篇》是七篇頌辭的結集。

會飲者原來議定要討論的主題是愛情，全篇畫龍點睛處在蘇格拉底口述的第俄提瑪的關於哲學修養的啓示，而全篇總結卻在阿爾西比亞德斯對於蘇格拉底的頌揚。表面上這裡就有三個主題：頌愛情、頌哲學、頌蘇格拉底。實際上這三者是統一的，愛情的對象是美，而最高的美只有最高的哲學修養才能見到，蘇格拉底就是一個具體的例證，他體現了眞善美三者的統一。第俄提瑪在她的啓示裡說得很明白：

「因爲智慧是事物中最美的，而愛神以美爲他的愛的對象，所以愛神必定是愛智慧的哲學家。」

所以從美學觀點來說，《會飲篇》所討論的美並不只是尋常藝術作品的美，這種美在智慧中可以見出，在德行中可以見出，在社會典章文物制度中也可以見出。有一種統攝一切美的事物的最高的美，達到這種美，就算達到愛情的極境，也就算達到哲學的極境。要達到這個境界，就要經過四個步驟的修養。最初步是愛個別形體的美，由個別美形體推廣到一切美形體，從此得到形體美的概念（我們一般人所說的美僅止於此）；其次是愛心靈方面的道德美，如行爲制度習俗之類；第三步是愛心靈方面學問知識美，即眞的美，最後是愛涵蓋一切的絕對美，即美的本體。全部進程都是由感性而理性，由個別事物而普遍概念，由部分而全體。全體就是純一永恆的絕對美，是美的止境，愛情的止境，也是哲學的止境。到了這個境界，主體（觀者）和對象（所觀境）就契合無間，達到統一。

《會飲篇》的寫作年代，依一般學者的考訂，是和《斐德羅篇》、《理想國》等最成熟的對話的年代相近，就是在柏拉圖剛創立學園不久，正當他五十歲左右的時候（西元前三八五至前三八〇左右）。這篇對話宜與他早年寫的《大希庇亞斯篇》合看，在那篇裡柏拉圖還在試探摸索，批判了幾種流行的關於美的見解而自己卻沒有下一個最後的結論；在這篇裡他已胸有定見，提出了眞善美合一成爲最高理念的看法。這篇對話還宜與同時期的《斐德羅篇》合看，從某個意義來看，這篇也可以看成和那篇一樣是討論修辭術的，在兩篇裡柏拉圖都沒有忘記和詭辯派修辭家進行鬥爭的任務，兩篇布局也有些類似，拿詭辯派的壞文章來和蘇格拉底的好文章來對照，讓詭辯派的壞文章相形見絀，甚至題材也很類似，都是當時雅典流行的男子同性愛，都涉及唯心主義的辯證法。但是比較起來，《會飲篇》在思想上更豐富深刻，在文章上也更生動精妙。所以在柏拉圖的對話中，《會飲篇》是歷來詩人和藝術家們最愛讀的一篇，也是對文藝影響最深的一篇。

《會飲篇》也最足以說明柏拉圖哲學的矛盾。他也接受了赫拉克利特的一些唯物主義的影響，承認哲學進修次第應從個別形體逐漸上升到概念，他不但發展了蘇格拉底的唯心主義的辯證法，而且還吸取了唯物派赫拉克利特的樸素的辯證思想（本篇中引的赫拉克利特的話：「一與它本身相反，復與它本身相協，正如弓弦和豎琴」以及關於高低相反音造成和諧的討論，都可以為證），但是這些畢竟不能挽救他不走唯心主義的道路。他正確地看到從個別具體事物出發才能達到普遍概念，可是一達到最高的普遍概念，即絕對概念，他卻「過了河就拆橋」，把絕對概念看成獨立自在，不依存於經驗事實而且超然於經驗事實之上的。本來是經驗界客觀事實造成概念的眞實，可是到了概念，柏拉圖就以爲只有這概念才是眞實，而它所自生的那些經驗界的客觀事實反而只是「幻象」，沒有眞實性。概念既然是「絕對」的、「超時空」的、永遠不變的，這就放棄了辯證法的發展觀點而走到形而上的迷徑。把概念絕對化，認爲發展終止於絕對概念，這是柏拉圖的基本錯誤。

會飲篇*

——論愛美與哲學修養

* 會飲是希臘的一種禮節，大半含有慶祝的意味，有一定的酬神的儀式。儀式舉行之後，座客開始飲酒，通常有樂伎助興。這次會飲以討論哲學問題代替尋常娛樂節目。

對話人

阿波羅多洛斯

（這篇對話的轉述者，他本人不在場，關於會飲的經過，是從阿里斯多德穆斯聽來的，他已經向格羅康轉述過一次，現在又向一位朋友轉述）。

阿里斯多德穆斯

（原始的轉述者，他向斐尼克斯談過，又向阿波羅多洛斯談過）。

蘇格拉底、阿伽頌、斐德羅、保薩尼亞斯、厄里什馬克、阿里斯托芬、第俄提瑪（蘇格拉底向她請教的，不在場）、**阿爾西比亞德斯**。

阿波羅多洛斯　對於你想知道的那回事，我倒很有準備。前天我從法勒雍[1]我的家裡進城，路上碰到一位朋友在後面望見我，他就用滑稽口吻遠遠地喊我：「喂！你這法勒雍住戶名叫阿波羅多洛斯的，爲什麼不等我呀？」我就停下等他，他向我說：「阿波羅多洛斯，我正在找你，想向你打聽打聽，蘇格拉底和阿爾西比亞德斯幾個人在阿伽頌家裡會飲時討論愛情，經過究竟怎樣。有一個人從斐利普的兒子斐尼克斯那裡聽過這回故事，向我約略談過，並且

1　法勒雍在雅典西南。離城約三公里。

說你也知道。他說的不大清楚，所以我要找你談一談。蘇格拉底是你的朋友，轉述他的話，沒有人比你更合適了。先請你告訴我，你親自參加了那次聚會沒有？」我回答說：「向你轉述的那位顯然談的不很清楚，若不然，你就不會以為那次聚會的時期很近，連我也可以參加了。」他說：「對的，我原來是這樣想。」我說：「這怎麼可能呢，格羅康？阿伽頌離開雅典已多年了，而我向蘇格拉底請教，天天默記他的言行，還不到三年的光景。三年之前，我東西流浪，對生活很自滿，其實是一個最不幸的人，正如你現在一樣，以為無論作什麼也比研究哲學強！」他說：「別再譏嘲了，且告訴我那次聚會是在什麼時候舉行的。」我回答說：「當時我們都還是小孩子咧，阿伽頌的第一部悲劇得了獎，為了慶祝勝利，第二天他和他的歌隊舉行酬神的典禮。」他說：「那像是很早的事了。誰向你談過這回事，是不是蘇格拉底本人？」我回答說：「憑宙斯[2]，不是他！是一位阿里斯多德穆斯，奎達特楞區的人，一個矮小漢，時常赤著腳，向斐尼克斯談的也就是他。他親自參加了那次聚會，如果我沒有看錯，當時他是蘇格拉底的一個最熱烈的崇拜者。後來我問過蘇格拉底本人，他證實了阿里斯多德穆斯的話。」格羅康於是說：「就請你把這故事給我講一遍，進城的這條路上正好談話。」

於是我們一邊走，一邊談那次會飲的故事。所以我說過，我對這個題目很有準備，你既然想知道，我可以給你再談一遍。談哲學和聽人談哲學，對於我向來是一件極快樂的事，受益還不用說。此外的談話，尤其是你們這班有錢人和生意人的談話對於我卻是索然無味的。你們既是我的同儕，我不能

2 宙斯是最高天神，希臘人常憑他發誓，表示說的話是真的。

不憐惜你們，自以爲做的是天大事業，其實毫無價值！也許你們也在憐惜我的不幸，不過你們只自信是對的，而我對於你們的可憐情形，不只是相信，而是眞正知道！那位朋友說：「阿波羅多洛斯，你還是那個老脾氣，總是愛咒罵自己，又咒罵旁人！我看你以爲一切人都是不幸的，只除掉蘇格拉底。所以你的綽號是『瘋子』，倒很名副其實。你說話確實像一個瘋子，老是怨恨自己、怨恨旁人，只除掉蘇格拉底！」我說：「對，親愛的朋友，我是一個瘋子，一個精神錯亂的人，因爲我對自己和對你們有剛才所說的那個看法，是不是？」那位朋友說：「阿波羅多洛斯，現在大可不必爲著這個問題來吵嘴，且請你答應我原來的請求，把那次聚會中的言論給我複述一遍。」

我說：

好吧，當時談話的經過約略是這樣……不過我最好從頭就按照阿里斯多德穆斯的話給你複述。據他說，故事是這樣的[3]：

阿里斯多德穆斯說：「我在路上碰見蘇格拉底，那天他洗過澡，腳上還穿了鞋，這些在他都是不常有的事。我問他到哪裡去，打扮得那樣漂亮。他回答說：『到阿伽頌家裡去吃晚飯。昨天他慶祝勝利，請我我沒有去，怕的是人太多，但是答應了他今天去。我打扮得漂亮，就是因爲這個緣故。因爲阿伽頌是一個漂亮少年，去他那裡就得漂亮一點。喂，你和我一道去。做一

3 以上可以看作一篇小序，說明這篇對話是怎樣傳下來的，頗像佛經的「如是我聞」。這篇對話經過兩次轉述，由在場的阿里斯多德穆斯談給阿波羅多洛斯，現在再由阿波羅多洛斯談給一位生意人。以下才是對話本身。

個不速之客，好不好？』我說：『遵命。』他說：『好極了，跟我一道走。這樣一來我們就可以翻轉一句諺語了，你記得吧？「逢到阿伽頌的宴會」，不，「逢到好人[4]的宴會，好人不請自來」。其實詩人荷馬早已就把這句諺語翻轉過，而且把它糟蹋過。他把阿伽門農描寫成一個最英勇的戰士，把墨涅拉俄斯卻描寫成「一個膽小如鼠的操戈者」，可是阿伽門農有一次設筵慶祝，墨涅拉俄斯沒有被邀請，也自動地赴宴了。照這樣看，荷馬不是讓一個不大好的人赴好人的宴會麼[5]？』」阿里斯多德穆斯告訴我，他聽到這番話

4 阿伽頌的名字在希臘文中原有「好人」的意思。

5 見荷馬史詩《伊利亞特》卷二和卷十七。阿伽門農和墨涅拉俄斯本來是弟兄，墨涅拉俄斯的妻子海倫和特洛亞國王子私奔，釀成有名的特洛亞戰爭。這兩弟兄都是希臘遠征軍的將領。

就說：「蘇格拉底，以我這樣一個不值什麼的人，不請自赴一個聰明人的宴會，恐怕我倒不像你所說的，而是像荷馬所說的。你既然帶我去，就得找一個借口，我絕不肯承認我是不請自來的客人，我只說我是應你的邀請。」蘇格拉底說：「『兩人同伴走』[6]，總有一人先想出拿什麼樣話來說，且往前走吧。」

「在這番談話之後，」阿里斯多德穆斯說，「我們就動身往前走。可是在路上蘇格拉底想到一個問題，一個人落在後面凝神默想。我等他，他叫我先走。我走到阿伽頌的家，看見門戶大開，就碰見一件趣事。我一到達，就

6 見《伊利亞特》卷十，原文說：「兩人同伴走，一人先想出有用的辦法。」原文幾成諺語，人人熟習，所以不全引。

有一個僕人從裡面出來接我，把我引到客廳裡，那裡客人都已入座，正準備吃晚飯。阿伽頌一望見我，就喊。『哈，阿里斯多德穆斯，你來的正好，歡迎參加我們的晚餐。如果你爲旁的事來，請把它放在以後再說。昨天我到處找你，想請你今天來，可是找不到你……蘇格拉底呢？你沒有帶他來？』我回頭一看，看不見蘇格拉底的影子！我就說：『他和我確實是一道來的呀，而且我來還是他邀請的。』阿伽頌說；『你來的好，但是蘇格拉底到哪裡去了呢？』我回答說：『他剛才還跟在我後面走，他怎麼沒有來，我也覺得奇怪。』聽到這話，阿伽頌就吩咐一個僕人：『馬上去找蘇格拉底，把他引到這裡來。阿里斯多德穆斯，請你坐在厄里什馬克旁邊。』」

一個僕人正替阿里斯多德穆斯洗腳，好讓他躺下，另外一個僕人進來說：「要找的那位蘇格拉底已退隱到鄰家的門樓下，在那裡挺直地站著，請他進來他不肯。」阿伽頌說：「眞奇怪！再去請他進來，不要放他。」阿里斯多德穆斯於是說：「不必找，讓他去。他有一個習慣，時常一個人走開，在路上挺直地站著。我想他過一會兒就會來。且不必去打攪他。」阿伽頌說：「好吧，就依你的話吧。」他就喊僕人們來，吩咐他們說：「給我們開飯吧。沒有人監督你們，你們愛擺出什麼就擺出什麼——我向來不用這個辦法——今天你們該設想我和這些客人都是你們邀請來的；所以要好好地侍候，爭取我們的誇獎。」

「於是我們就開始吃飯，」阿里斯多德穆斯往下說，「但是蘇格拉底還沒有來。阿伽頌三番兩次地要派人去找，都讓我攔阻住了。後來他終於到了，比起他的平時習慣，還不算太遲，客人們才把飯吃掉一半。阿伽頌坐在最末的榻上，沒有旁人同坐，就喊：『這裡，蘇格拉底，請坐在我旁邊，好讓我挨到你，就可以沾到你在隔壁門樓下所發見的智慧。你顯然發見到你所找的道理，把它抓住了，若不然，你還不會來。』這時蘇格拉底坐下來就說：『如果智慧能像一滿杯水，通過一根羊毛，就引到一個空杯裡去，如果兩個人只要挨著坐，智慧就從盈滿的人流到空虛的人，那是多麼好的事，阿伽頌！如果智慧是如此，我就該把坐在你旁邊這件事看得非常寶貴，因爲你的許多智慧就會流注到我身上來。我的智慧是很淺薄的，像夢一樣，眞僞尚待商討，而你的智慧卻是光輝燦爛的，有無窮發展的，自從幼年起，它就蓬勃煥發，就是在前天，三萬希臘人已經替你的智慧的表現作了見證[7]。』

7 希臘在西元前四五世紀戲劇極盛，每年祭神大典中必舉行戲劇競賽。戲院是露天的，看戲是公民的義務，所以阿伽頌的第一部悲劇演出，聽眾就有三萬人。

阿伽頌接著說：『蘇格拉底，你在嘲笑人。關於我們的智慧問題，我們等一會兒請酒神狄俄尼索斯做判官，憑他判斷誰優誰劣。現在你最好先吃晚飯。』」

「於是蘇格拉底入了座，和其他客人們都用過晚飯。他們舉杯敬了神，唱了敬神的歌，舉行了其他例有的儀式，於是就開始飲酒。保薩尼亞斯首先開口說：『在座諸位，今天飲酒，哪一種方式對我們才合適呢？就我個人來說，我不妨告訴諸位，我覺得昨天的酒還沒有醒過來，需要呼吸呼吸。我想諸位的情形也差不多，因爲昨天都參加了。所以請你們想出一個最妥當的方式。』阿里斯托芬就接著說：『保薩尼亞斯，你的提議很好，今天飲酒總得要和緩一點，我自己昨天也是爛醉如泥。』厄里什馬克，阿庫門的兒子，聽到這句話，就插嘴說：『你們的話很對。不過我還得徵求另外一個人的意見，阿伽頌，你的情形怎樣？還能痛飲嗎？』阿伽頌回答：『不能，我也沒有力量了。』厄里什馬克就接著說：『這樣看來，我、阿里斯多德穆斯、斐德羅這批人今天運氣倒好，你們幾位酒量大的人都已經宣告退卻了。我們這批人當然是沒有酒量的。我沒有算蘇格拉底，因爲他能飲，也能不飲，擺在哪一方面都行。現在在座的人既然都不很想痛飲，我就不妨談一談醉酒是怎麼一回事，我的話就不會很刺耳了。我有一種信念——這也許是從我的醫學經驗得來的——醉酒對人實在有害。我自己既不肯飲到過量，也不肯勸旁人過量，尤其是前一天飲過，頭還很沉重的時候。』於是密銳努人斐德羅就插嘴說：『我向來相信你的話，尤其在醫學方面。旁人今天也該相信你的話，如果他們懂道理。』斐德羅的話得到了一致贊同；大家都答應在今天這次會裡不鬧酒，各人高興喝多少就喝多少。」

「厄里什馬克就說：『既然大家都決定隨意飲酒，不加勉強了，我就建議把剛才進來的吹笛女打發出去，讓她吹給她自己聽，或是她樂意的話，吹給閨裡婦女們聽，我們且用談論來消遣這次聚會的時光。談論什麼問題呢？如果你們同意，我倒準備好了一個題目，情願提出來。』在座的人聽到這話，都說他們樂意這樣辦，請他把題目提出。厄里什馬克於是說：『我的開場白要引用歐里庇得斯的《墨蘭尼普》[8]裡一句話：我要說的話並不是我自己的，而是斐德羅的。他時常很氣忿地向我說：『說起來真奇怪，厄里什馬克！各種神都引起過詩人們作歌作頌，只有愛神是例外，從來詩人中不曾有一個寫過詩來頌揚他，儘管他是那樣偉大。請想一想那些有本領的

8 《墨蘭尼普》這部劇本現在只存下幾個片段。

詭辯家們，他們寫散文來頌揚的是赫剌克勒斯之類[9]，普若第庫斯就是一個例證[10]。這還不足爲奇，有一天我碰見一部書，作者把鹽的效用大加讚揚一番。還有許多其他類似的事物都有人稱讚過。這些小題居然有人大做，而至今卻沒有一個人寫過一首詩宣揚愛神的功德，這樣大的一個神竟被人忽略到這步田地！』斐德羅的這番話我看是很對的。所以我願意陪著斐德羅向愛神致敬，同時建議今天這裡與會的人們趁著這個好時機，來禮讚愛神。如果你們贊成，我們就有足夠的談論資料，可以消遣今晚的時光。我建議我們從左

9 赫剌克勒斯是希臘神話中最大的力士，也是宙斯的兒子。

10 普若第庫斯有一部著作解釋信神的起源，以為原始人把凡是有益於人類的自然事物都尊奉為神。普若第庫斯是個詭辯家。

到右輪流，每個人都盡他的能力，作一篇最好的頌揚愛神的文章。斐德羅應該開頭，因爲他不僅是坐在第一位，而且也是這次題目的父親。』」

「蘇格拉底說：『厄里什馬克，沒有人會反對你的提議。我自己更不會反對，因爲我什麼都不知道，就只知道愛情；我想阿伽頌和保薩尼亞斯也不會反對，阿里斯托芬更不會反對，他整個的時光就都消磨在酒神和愛神身上。我看其餘在座的人也都不會反對。你的辦法對於我們坐在後面的人們卻不很公平，不過坐在前面的人如果把可說的話都說盡了，而且說得頂好，我們也就心滿意足了。好吧，我們就請斐德羅開始，祝他運氣好！』」

在座的人一致贊成這番話，都跟著蘇格拉底慫恿斐德羅先說。這次聚會中每人所說的話，阿里斯多德穆斯當然不能完全記清楚，我對於他所向我轉述的話，當然也不能完全記清楚。我只記得最重要的部分。凡是我認爲値得記住的話我現在順次給你轉述。[11]

據阿里斯多德穆斯的話，第一個說話的是斐德羅，他的話開端約略如下：

「愛神是一個偉大的神，在人與神之中都是最神奇的。這表現在許多方面，尤其在他的出身。他是一位最古老的神，這就是一個光榮。他的古老有一個憑證，就是他沒有父母，從來的詩或散文都沒有提到愛神的父母。赫西俄德說：首先存在的是混沌，『然後寬胸的大地，一切事物的永恆的安穩基

11 以上一段敘述會飲經過和禮讚愛神的建議，以下便是會飲者輪流做的幾篇愛神的頌辭。

礎，隨之而起，隨後就是愛神。』[12]阿庫西拉烏斯[13]也和赫西俄德一樣，說繼著混沌而生的是大地和愛神。根據巴門尼德，世界主宰『所生的第一個神就是愛神』。[14]從此可知許多權威方面都公認愛神在諸神中是最古老的。」

「其次，愛神不僅是最古老的，而且是人類最高幸福的來源。就我自己來說，我就看不出一個人從青年時期起，比有一個情人之外，還能有什麼更高的幸福，一個情人有一個愛人也是如此[15]。一個人要想過美滿的生活，他

---

12 引語見赫西俄德的《神譜》第一一四至一二〇行。

13 阿庫西拉烏斯是希臘的譜牒學家，據說他把赫西俄德的《神譜》由詩譯成散文。

14 巴門尼德是當時著名的哲學家。著作只存片段。「世界主宰」的原文是說「統治世界的女神」，譯者解說不一，有人以為是「正義」，有人以為是「生殖的大原則」。

15 關於「情人」和「愛人」，西文中「鍾愛的人」和「被愛的人」有主動和被動之分，各有一

的終身奉爲規範的原則就只有靠愛情可以建立；家世、地位、財富之類都萬萬比不上它。這原則是什麼呢？就是對於壞事的羞惡之心和對於善事的崇敬之心；假如沒有這種羞惡和崇敬，無論是國家還是個人，都做不出偉大優美的事情來。我敢說，如果一個情人在準備做一件丟人的壞事，或是受旁人凌辱，怯懦不敢抵抗，在這時候被人看見了，他就會覺得羞恥，但是被父親朋友或其他人看見，還遠不如被愛人看見那樣無地自容。愛人被情人發現在做壞事，情形也是如此。所以如果我們能想出一個方法，叫一個城邦或是一個軍隊全由情人和愛人組成，它就會有一種不能再好的統治，人人都會互相競

字，不能混淆。這裡前者譯「情人」，後者譯「愛人」，在一般情形下，情人是男的，愛人是女的，在希臘「男風」盛行的社會中，情人是年齡較長的男子，愛人是少年男子。

爭，避免羞恥，趨求榮譽。這種人們如果並肩作戰，只要很小的一個隊伍就可以征服全世界了。因爲一個情人如果脫離崗位或放下武器，固然怕全軍看見，尤其怕他的愛人看見；與其要被愛人看見，他寧願死百回千回。也沒有一個情人怯懦到肯把愛人放在危險境地，不去營救；縱然是最怯懦的人也會受愛神的鼓舞，變成一個英雄，做出最英勇的事情來。荷馬說過，神在英雄胸中感發起一股『神勇氣』，這無疑地就是愛神對於情人的特殊恩賜。」

「還有一層，只有相愛的人們才肯爲對方犧牲自己生命，不但男人，連女人也是如此。珀利阿斯的女兒阿爾刻提斯，在全希臘人的面前對我這句話提供了強有力的證據。只有她肯代她的丈夫死，雖然她的丈夫有父有母[16]。

16 阿爾刻提斯的丈夫阿德墨托斯病當死，阿波羅神替他求情，准許他的父母或妻之中有一人代

她的愛超過了父母的愛，所以父母顯出對於兒子有如路人，只有名字的關係。她成就了她的英勇行爲，不但人，連神們也欽佩這行爲的高尚。人死之後，神們讓她的靈魂由陰間回到陽間，這是極稀罕的恩惠，連建立過偉大功勛的英雄們也很少有得到這種恩惠的，而神們卻拿這種恩惠給阿爾刻提斯，准她死後還魂，以表示他們的欽佩。從此可知連神們也尊敬愛情所鼓舞起來的熱忱和勇氣了。俄阿格洛斯的兒子奧菲斯所受的待遇就不同。神們遣他離開陰間，沒有讓他得到他所尋求的，不把他的妻子還他，只讓他看了一下她

他死。他的父母雖然年老，卻不肯替死，於是阿爾刻提斯毅然請替死。神們嘉獎她，讓她死後復活。歐里庇得斯用這個傳說寫了一部悲劇，就以「阿爾刻提斯」為名。

的魂影；[17]因爲神們看他懦弱沒有勇氣——他本是一個琴師，這是不足爲奇的——不肯像阿爾刻提斯爲愛情而死，只設法活著走到陰間。神們所以給他應得的懲罰，讓他死在女人們手裡。[18]至於忒提斯的兒子阿喀琉斯卻得到神們的優遇，死後到了福人島[19]。因爲他的母親雖然告訴過他，如果他殺了赫

---

17 奧菲斯是希臘傳說中琴師和詩人，他的妻子歐律狄刻死了，他懷念甚切，活著走到陰間，要求冥王准他把她帶回人世。他的音樂感動了冥王，冥王准了他的要求，附一個條件：他的妻跟在他後面走，未到陽間之前，不准他回頭看她。快到陽間了，奧菲斯忍不住，回頭看了她一眼，冥王馬上就把她奪回到陰間。

18 傳說奧菲斯被酒神的女信徒們撕死。

19 據希臘傳說，好人死後到西方的一個極樂世界。這一小段穿插好像是文不對題，柏拉圖的用意在譏嘲詭辯派作家引經據典，做無聊的考證。

克托，自己一定死；如果他不殺赫克托，他就會平安回家，長命到老；他卻勇敢地決定去營救他的情人帕特羅克羅斯，替他報了仇，不僅爲他而死，而且緊跟著他死。爲了這緣故，神們非常欽佩他，給他特殊的優遇，因爲他知道珍重愛情。（埃斯庫羅斯把阿喀琉斯寫成情人，帕特羅克羅斯寫成愛人，是很荒唐無稽的。阿喀琉斯不僅比帕特羅克羅斯美，而且也比所有的其他英雄們都美，還沒有留鬍鬚，而且根據荷馬，他比帕特羅克羅斯的年紀小得多。）沒有什麼能比愛情所激發的英勇更受神們尊敬，而且愛人向情人所表現的恩愛比起情人向愛人所表現的恩愛，也更博得神們的讚賞，因爲情人是由愛神憑附的，比起愛人要較富於神性。就是因爲這個緣故，神們優遇阿喀琉斯，還超過他們優遇阿爾刻提斯，讓他住在福人島上。」

「總結來說，我認爲愛神在諸神中是最古老、最尊嚴的，而且對於人類，無論是生前還是死後，他也是最能引起德行和幸福的。」[20]

斐德德的話，據阿里斯多德穆斯轉述的，大致如此。他說完之後，還有些旁人說了話，阿里斯多德穆斯已經記不清楚了，所以他把那些話丟開，往下就轉述保薩尼亞斯的話如下：

「斐德羅，我看我們的題目提得不很妥當。我們只規定頌揚愛神。如果愛神只有一種，這倒還可以說得過去；可是愛神並不止一種，既然不止一種，我們一開始就應該說明哪一種是我們要頌揚的。所以我現在要做的就是

---

20 斐德德的頌辭有三個要點：㈠愛神最古，所以最尊；㈡愛神助人就善避惡，有道德的作用；㈢尊敬愛神的人須全心全意，不惜犧牲性命，才達到愛情的最高理想。他的見解很平凡，文章全是模仿詭辯派作家的風格，一味掉書袋，盲目信任傳統，賣弄修辭的小伎倆。

糾正這個缺點，先把題目弄確定，指出哪一種應頌揚，然後再用適合這位尊神的語言，來頌揚他。」

「大家知道，愛神和阿佛洛狄忒[21]是分不開的。如果阿佛洛狄忒只有一種，愛神也就只有一種；如果她有兩種，愛神也就必然有兩種。誰能否認這位女愛神有兩個化身呢？一個是最古老的，沒有母親；只有天是她的父親，所以我們把她叫作『天上女愛神』；另一個比較年輕，是天神宙斯和狄俄涅的女兒，我們把她叫作『凡俗女愛神』。所以兩個愛神，作爲兩個女愛神的

21 希臘的阿佛洛狄忒相當於羅馬的維納斯，是女愛神。她的出身在希臘有兩個傳說。一說最初天神被兒子殺死，把屍首砍碎投到海裡，海裡起了一片白浪。就變成阿佛洛狄忒（據赫西俄德的《神譜》）。這就是本文所謂「天上女愛神」。另一說是荷馬史詩所採取的，以為她是天神宙斯和狄俄涅（本是宙斯的親生女兒）配合所生的。

合作伴侶來看，也應該一個叫作『天上愛神』，一個叫作『凡俗愛神』。凡是神當然都應受頌揚，不過這兩種愛神各有什麼樣功能，我們須弄明白。一切行動，專就它本身來看，並沒有美醜的分別。比如我們此刻所做的一些事、飲酒、唱歌或談話，這一切本身都不能說是美，也不能說是醜。美和醜是起於這些事或行動怎樣做出來的那個方式。做的方式美，所做的行動也就美；做的方式醜，所做的行動也就醜。愛是一種行動，也可以應用這個道理。我們不能對一切愛神都不分青紅皂白地說：『他美，值得頌揚』，只有驅遣人以高尚的方式相愛的那種愛神才是美，才值得頌揚。」

「凡俗女愛神引起的愛情確實也是人世的、凡俗的、不分青紅皂白地實現它的目的。這種愛情只限於下等人。它的對象可以是年輕人，也可以是女人，它所眷戀的是肉體而不是心靈；最後，它只選擇最愚蠢的對象，因爲它只貪求達到目的，不管達到目的的方式美醜。因此，有這種愛情的人們苟且撮合，不管好壞。這是當然的，因爲這種愛情所自起的那位女愛神是年紀較輕的，而她的出身是由於男也由於女的。至於天上女愛神的出身卻與女的無關，她只是由男的生出的，所以她的愛情對象只是少年男子。其次，她的年紀較長，所以不至於荒淫放蕩。她只鼓舞人們把愛情專注在男性對象上，因爲這種對象生來就比較強壯，比較聰明。就在這專注於少年男子的愛情上，人們也可以看出它眞正是由天上女愛神感發起來的：這種少年男子一定到了理智開始發達，這就是腮上開始長鬍鬚的時候，才成爲愛的對象。我想情人所以要等愛人達到這種年齡後才鍾愛他，是由於他存心要和愛人終身享共同生活，不是要利用他的年幼無知來欺騙他，開他玩笑，碰到另外一個可以寵愛的對象就把他丟掉。寵愛年幼的孩子是法律所應該防禁的，免得人們在動搖不定的對象上浪費許多精力，因爲年幼的孩於們無論在心靈或在身體方面都是動搖不定的，終於變好還是變壞，沒有人能預先知道。善良的人們卻自動地替自己定出這樣法律來遵行，至於凡俗的情人們，我們應強迫他們服從這樣法律，正如我們盡量強迫他們不能隨便愛良家婦女一樣[22]。這種凡俗的情人使人們對愛情起不良的印象。人們往往以爲愛人滿足情人是一件羞恥事，他們說這話時，心目中所指的正是這種凡俗的情人們，因爲他們看到這班人的卑鄙放蕩的行爲。循規蹈矩的行爲就永遠不會引起指責。」

「我們且來看看各城邦關於愛情的法律。有些城邦的規定是很明確的，不難了解的，而在我們的雅典和斯巴達，這種法律卻很複雜。在厄利斯和玻

22 「良家婦女」依原文是「自由婦女」，就是有自由權的婦女，不是奴隸。

俄提亞[23]等地，人們不長於辭令，他們乾脆訂了一條直截了當的法律，把接受情人的恩寵看作美事，無論老少，沒有人說它是醜事，在我看，這是由於他們不願費心力拿辭令來爭取少年男子們，他們本來不擅於辭令。但是在伊俄尼亞[24]以及許多其他地方，法律卻把接受情人的恩寵視爲醜事。這是由於他們受蠻夷的統治，蠻夷的專制政體把鍾愛少年男子，愛哲學和愛體育都看成壞事，因爲統治者不願被統治者培養高尚的思想，也不願他們之中有堅強的友誼和親密的社交，而這一切卻正是愛情所產生的。就在我們的城邦裡，僭主們也曾從經驗中學得這樣教訓，由於阿里斯托革頓和哈爾摩狄奥斯的堅

23 厄利斯和玻俄提亞都是希臘南部的城邦，民性較強悍拙直，文化也較雅典落後。

24 伊俄尼亞是小亞細亞西岸的希臘殖民地，屢受波斯的侵略和統治。

強的愛情和友誼，這班僭主的政權就被推翻了[25]。從此可知，凡是一個地方把接受情人的寵愛當作醜事的，那地方人的道德標準一定很低，才訂出這樣的法律，它所表現的是統治者的專橫和被統治者的懦弱。反之，凡是一個地方無條件地把愛情當作美事的，那地方的人們一定不願訂出這樣的法律。」

「在我們的雅典，所規定的法律比這些都要好得多，但像我剛才說過的，也比較複雜，不容易了解。我們且想一想一般雅典人的論調，他們說，與其暗愛，不如明愛；愛人應在門第和品德上都很高尚，美還在其次。人們

25 這是雅典史上一個有名的政變。阿里斯托革頓鍾愛少年男子哈爾摩狄奧斯，專制君主希庇亞斯的兄弟希巴庫斯想奪寵而不成功，於是凌辱這兩位愛友。他們設計暗殺了希巴庫斯，兩人自己也先後犧牲了性命，被雅典人崇奉為愛國志士。

對於情人都加以極大的鼓勵，不認爲他在做不體面的事；人們把追求愛情的勝利看作光榮，失敗看作羞恥。爲著爭取勝利，他可以做出種種離奇的事，習俗給了他這種自由；而這些離奇的行爲如果是爲著旁的目的或效果，而不是爲著愛情，他就逃不掉哲學的極嚴厲的譴責。比如說，假想一個人想旁人給他錢，或是求一個官職，或是謀其他勢利，就去做情人通常向愛人做的那些事，苦求、哀懇、發誓，睡門檻，做出一些奴隸所不屑做的奴隸行爲，那麼，無論是他的朋友還是他的仇敵，都會防止他做這類事，仇敵們會罵他諂媚逢迎，朋友們會譴責他，替他害羞。但是這些事如果是情人做的，反而博得讚美，我們的習俗給了他這種自由，毫不加以譴責，以爲他所要達到的目的是非常高尚的。最奇怪的事是依一般的輿論，只有情人發了誓而不遵守，才可以得到神們的赦免，因爲牽涉到阿佛洛狄忒的誓約，人們說，根本就不是誓約。從此可知神和人都准許情人有完全的自由，如我們的雅典習俗所表現的。從上面這許多事實看，我們可以推想，在我們的城邦中，當情人和當愛人都是很光榮的事。但是在另一方面，愛人們的父親們常請教師來看管他們，防止他們和情人們來往；和他們年齡差不多的少年們以及他們的朋友們如果發見他們有和情人們來往的事，也會指責他們，而他們的長輩對這種指責也並不加以非難或禁止。從這些事實看，我們又彷彿可以推想，在我們的城邦中，當情人和當愛人都是很醜的事。」

「依我想，道理是這樣：這事情不是單純的，像我開頭說的，單就它本身來看，它無所謂美，也無所謂醜；做的方式美它也就美，做的方式醜它也就醜。醜的方式是拿卑鄙的方式來對付卑鄙的對象，美的方式是拿高尚的方式來對付高尚的對象。所謂卑鄙的對象就是上文所說的凡俗的情人，愛肉體過於愛心靈的。他所愛的東西不是始終不變的，所以他的愛情也不能始終不變。一旦肉體的姿色衰謝了，他就高飛遠走，毀棄從前一切的信誓。但是鍾愛於優美心靈的情人卻不然，他的愛情是始終不變的，因爲他所愛的東西也是始終不變的。我們的雅典規矩要人對於這兩種人加以謹嚴的考驗，知道哪種人可以鍾愛，哪種人應該避免；它獎勵人鍾愛所應該鍾愛的，避免所應該避免的，根據種種考驗，判定情人和愛人在兩種愛情之中究竟站在哪一方面。正因爲這個緣故，我們的習俗訂了兩條規矩，頭一條規矩是：迅速地接受情人是可恥的，應該經過一段時間，因爲時間對於許多事常是一個最好的考驗；第二條規矩是：受金錢的利誘或政治的威脅而委身於人是可恥的，無論是對威脅沒有膽量抵抗就投降，還是貪求財產或政治地位。因爲這些勢利名位金錢都不是持久不變的；高尚的友誼當然不能由這些東西產生。」

「依我們的雅典規矩，只剩下一條路可以讓愛人很光榮地接受情人；如果採取這條路，從情人方面來說，心甘情願地完全做愛人的奴隸並不算是諂媚，也沒有什麼可譴責的；從愛人方面來說，他也自願處於奴隸的地位，這也並非不光榮的。這條路就是進德修業。依我們的雅典規矩，如果一個人肯侍候另一個人，目的是在得到這另一個人幫助他在學問或道德方面進步，這種自願的卑躬屈膝並不卑鄙，也不能指爲諂媚。這兩個規矩，一個是關於少年男子的愛情，一個是關於學問道德的追求，應該合而爲一；如果合而爲一，愛人眷戀情人就是一件美事。那麼，情人和愛人來往，就各有各的指導原則。情人的原則是愛人對自己既然表現殷勤，自己就應該在一切方面爲他效勞；愛人的原則是情人既然使自己在學問道德方面有長進，自己就應該盡量拿恩情來報答。一方面樂於拿學問道德來施教，一方面樂於在這些方面受益，只有在這兩個原則合而爲一的時候，愛人眷戀情人才是一件美事；若不然，它就不美。照這樣原則相愛的人們縱然完全失敗了，也不足爲恥；在其他一切情形之下，無論失敗與否，結果都是恥辱。假想一個少年男子以爲他的情人很富，爲著貪求財富，就去眷戀他，後來發見自己看錯了，他實在很窮，沒有利益可圖，這還是很可恥的；因爲這種行爲揭穿了他的性格，證明他這個人爲著金錢，可以侍候任何人，做出任何事來，這當然是很不光榮的。再假想一個少年男子以爲他的情人很有道德，和他來往可以使自己變好，後來發見自己根本看錯了，那人實在很壞，沒有品德；在這種情形之下，他雖然看錯了，卻還是很光榮；因爲大家認爲他的這種行爲也表現了他的性格，他一心一意想好，想在品德上得進步，才去眷戀一個人；比起前一個事例，這卻是最光榮的。總之，爲著品德而去眷戀一個情人，總是一件很美的事。這種愛情是天上阿佛洛狄忒所感發的，本身也就是屬於天上的，對於國家和個人都非常可寶貴，因為它在情人和愛人的心裡激起砥礪品德的熱情。此外一切愛情都起於人世阿佛洛狄忒，都是凡俗的。」

「斐德羅，關於愛神，我的沒有準備而臨時想出的話就止於此。」26

保薩尼亞斯就這樣到了停頓，你看，我從詭辯大師們學得了這種用雙

26 保薩尼亞斯的頌辭有三個要點：㈠愛神不只一種，應頌揚的是「天上愛神」不是「人間愛神」，是心靈的愛不是肉體的愛；㈡一切行為自身無所謂美醜，美醜因「做的方式」好壞而定，愛也是如此；㈢依這個標準，雅典的男子同性愛的情形比希臘各城邦的都強，因為「做的方式」比較好，愛情的追求與學問道德的追求合而為一。這番話不是頌揚愛神，是為雅典式「男風」辯護。表面擺的是大道理，實際上思想很庸俗而且線索不大連貫。它還是代表詭辯派的思想和文章風格。

聲疊韻來說話的訣竅[27]，說話的次第輪到了阿里斯托芬。不知道是因爲吃得太飽了，還是因爲旁的緣故，他碰巧正在打嗝，不能說話。他只好向坐在次一位的厄里什馬克醫生說：「請你幫點忙，大夫，或是設法止我的嗝，或是代我說話，等我復原再說。」厄里什馬克回答說：「好，這兩件事我都替你辦。我代替你的輪次，到了我的輪次，你再說。現在我說話的時候，你且忍一口氣不呼吸，打嗝就可以止，若是不止，你就得吞一口水。如果這樣辦，打嗝還很頑強，你就得拿一件東西戳一戳鼻孔，打一個噴嚏，這樣來一兩回，無論什麼樣頑強的打嗝都會停止的。」阿里斯托芬催他說，「你快點開

27 原文「保薩尼亞斯停頓了」，「停頓」和「保薩尼亞斯」兩詞都以Pausa起頭，是詭辯派修辭家所愛玩弄的伎倆。

始說話吧，我就照你的診方去做。」厄里什馬克的話是這樣：

「我看保薩尼亞斯的話開頭很好，收尾卻不很相稱，所以我必得對他的話做一點補充。他的兩種愛情的區別在我看是很妥當的，但是醫學告訴我，這種區別並不僅適用於人類心靈，也不僅限於美少年的愛，而且還可以適用於許多其他事物，其他範圍，適用於一切動物的身體，一切在大地上生長的東西，總之，適用於萬事萬物。這是我從醫學觀點所得到的結論，愛神的威力對於人和神的一切事情都是偉大而普遍的。」

「爲著敬重我自己的行業，我想就先從醫學出發。我們身體的自然機構就寓有這兩種愛情的道理。因爲在身體方面，健康和疾病是兩種不同的狀態，這是大家公認的。凡是不同的東西所希求的喜愛的對象也就不同。因此，健康狀態的愛情和疾病狀態的愛情是兩回事。正如保薩尼亞斯剛才所說的，愛好人是美事，愛壞人是醜事，對付身體也是同樣的道理，好的、健康的部分須加以愛護培養，我們所謂醫學所管的正是這件事，壞的、不健康的部分須加以防止，如果你是一個好醫生。概括地說，醫學可以說是研究愛情的科學，對象是身體方面的各種愛情現象，關於補和散（塞滿和排除）兩種手續的。醫道高明的人就能區別好的愛情和壞的愛情，診斷在某種情形之下某種愛情是好還是壞。若是一個醫生能施轉變的手術，取這種愛情代替那種愛情，引起身體中本應發達而卻還不存在的愛情，消除身體中本不應有而有的愛情，那麼，他無疑地就是一個本領很大的醫生了。醫生還要能使本來在身體中相惡相仇的因素變成相親相愛。最相惡相仇的因素就是那些相反的品質，例如冷與熱、苦與甜、燥與溼之類。我們的醫祖埃斯庫勒普之所以成爲醫學創始人，像這裡兩位詩人[28]所說的而我自己所相信的，就是因爲他能使相反相仇的東西和諧一致。」

「不僅醫學完全受愛神統治，像我剛才所說的，就是健身術和農業也是如此。至於音樂受愛神的統治更爲明顯，任何人不用費力思索也可以看出。赫拉克利特說過一句含糊費解的話，也許就是指這個意思。他說；『一與它本身相反，復與它本身相協，正如弓弦和豎琴』[29]。說和諧就是相反，或是

28 兩位詩人指在座的阿里斯托芬和阿伽頌。

29 赫拉克利特這段引語見《零星遺著》第四十五節。宇宙之團成一體，是由於兩種相反的力量互持，正如弓弦和豎琴依靠鬆緊兩種力量的調諧。一生多，多復歸於一。這意思含有辯證發展的道理。赫拉克利特是西元前五世紀初希臘大哲學家，主張火為萬物之源，世界常在流動。

和諧是由還在相反的因素形成的，當然是極端荒謬的。赫拉克利特的意思也許是說，由於本來相反的高音和低音現在調諧了，於是音樂的藝術才創造出和諧。如果高音和低音仍然相反，它們就絕不能有和諧，因爲和諧是聲音調諧，而調諧是一種互相融合，兩種因素如果仍然相反，就不可能互相融合；相反的因素在還沒有互相融合的時候也就不可能有和諧。由於同樣理由，節奏起於快慢，也是本來相反而後來互相融合。在這一切事例中，造成協調融合的是音樂，它正如上文所說的醫學，在相反因素中引生相親相愛。所以音樂也可以說就是研究和諧與節奏範圍之內的愛情現象的科學。在和諧與節奏的組織本身上，我們固然不難看出這些愛情現象，它們還現不出愛情的兩重性；可是到了應用和諧與節奏於實際人生的時候，無論是創造樂調（這就是所謂製曲），還是演奏已經製成的曲調（這就靠所謂音樂教育），這就不是易事，就需要高明的音樂技術了。就是在這個時候，我們要應用上文的結論了，就要區別天上愛神與人世愛神了，愛的對象應該是品格端正的人，以及小有缺陷而肯努力上進的人，這才是應該保持的愛情，才是起於天上愛神的那種高尚優美的愛情。至於起於人世愛神的那種雜音的凡俗的愛情卻須加以謹愼防閑，免得使他的快感養成了淫蕩。這正如我們的醫學很重視食慾的正確運用，享受珍肴的滋味而卻不致生病。從此可知，在音樂，醫學，以及其他一切人和神的事情之中，我們都要盡量細心窺測這種愛神，因爲他們是普遍存在的。」

「再看一年四季的推移，也充滿著這兩種愛情。我剛才所說的冷與熱，燥與溼那些性質如果有一種有節制的愛情把它們約束在一起，使相反者相成，產生一種恰到適合節度的和諧，於是風調雨順，人畜草木都健康繁殖，不發生任何災害。反之，在季節的推移中，如果沒有節制的愛情占了優勢，就會有各種災害，牲畜草木就發生瘟疫或其他各種疾病，凡是霜、雹、霉之類都是由於天文學所研究的愛情範圍之中起了反常失調的現象。天文學的對象就是星辰的變動和節季的推移。」

「不僅此，占卜術所管的那些祭祀典禮，那些人與神的互相交通，也都只有一個目的，就是愛情的保持和治療。凡是對神不敬是怎樣起來的？它都由於在處理對父母（無論存亡）和對神祇的職責上，所信奉崇敬的不是有節制的愛情而是另一種愛情。占卜術的功用就是督察和治療這兩種愛情，所以占卜術是調節人神友誼的一種藝術，因爲它能辨別在人類中哪些愛情傾向才符合敬天畏神的道理。」

「從此可知，愛神的威力是多方面的、廣大的、普遍的。但只在他以公正和平的精神，在人和神之間成就善事的時候，他才顯出他的最大的威力，使我們得到最高的幸福，使我們不但彼此友愛相處，而且與高高在上的神們也維持著敬愛的關係。我的話就到此終結，也許我的這篇頌辭也有許多遺漏，可是這並非有意的。阿里斯托芬，如果我有遺漏，就請你填補起來。不過你頌揚愛神，如果另有新的意思，那也就隨你的意。你已經不打嗝了。」[30]

阿里斯多德穆斯往下說：於是次序輪到阿里斯托芬。阿里斯托芬就說：

30 厄里什馬克的頌辭把愛情看作宇宙間調諧兩相反勢力的力量，他先從他的專業醫學，次從音樂、天文，以至當時所盛行的占卜祭祀。舉實例證明他的大原則。這篇頌辭頗重要，因為它不僅代表科學，而且是唯物辯證的思想的萌芽。同時，它也寓有控制自然的思想。

「不錯，我的打嗝固然停止了，可是經過了打噴嚏的手續。我正在覺得奇怪，爲什麼身體的和諧秩序必得經過打噴嚏的那些聲響和癢痛，才能恢復。你看，噴嚏一打，打嗝果然就停止了！」厄里什馬克回答說：「我的好人，當心你在幹什麼！你一說話就開玩笑。你本來可以平平靜靜地說下去，卻這樣開玩笑，使我不得不提防著你，看你的話有什麼惹人笑的。」他笑著說：「厄里什馬克，你說得對，我剛才所說的全不算數。可是千萬不要提防我。我所駭怕的倒不是我的話會惹人笑，因爲惹人笑是我的詩神的勝利，本來這也就是他的特產，我只駭怕我的話荒謬可笑。」厄里什馬克說：「哼，你只管打人，以爲自己可以不挨打！小心一點，別說你自己沒有理由來辯護的話。可是要依我的話，我寧願放你過去，不讓你說。」

阿里斯托芬接著說：「對，厄里什馬克，我打算換一個方式來說，和你與保薩尼亞斯所說的都另是一樣。依我看，一直到現在，人們對於愛神的威力還是完全不了解。若是他們了解，就會替愛神建立最莊嚴的廟宇，築起最美麗的祭壇，舉行最隆重的祭典。可是一直到現在，愛神還沒有得到這樣的崇敬，儘管他理應得到它。在一切神祇之中，愛神是人類的最好的朋友，他援助人類，他替人類醫治一種病，醫好了，就可以使人得到最高的幸福。我今天所要做的，就是要使你們明白愛神的威力。你們自己明白了，就可以把我的教義傳給全世界。」

「你們首先要領教的是人的本性以及他所經過的變遷。從前人和現在人不一樣。第一，從前人類本來分成三種，不像現在只有兩種。在男人和女人之外，從前還有一種人不男不女，亦男亦女。這第三種人現在已經絕跡了，只有名稱還保留著，就是所謂『陰陽人』，他們原來自成一類，在形體上和在名稱上都兼陰陽兩性的。現在『陰陽人』這個名稱卻成了罵人的字眼。其次，從前人的形體是一個圓團，腰和背都是圓的，每人有四隻手，四隻腳，一個圓頸項上安著一個圓頭，頭上有兩副面孔，朝前後相反的方向，可是形狀完全一模一樣，耳朵有四個，生殖器有一對，其他器官的數目都依比例加倍。他們走起路來，也像我們一樣直著身子，但是可以隨意向前向後。可是要跑快的時候，他們就像現在玩雜技人翻筋斗一樣，把腳伸直向前翻滾，八隻手腳一齊動，所以翻滾得頂快。爲什麼從前人有三種，身體有這樣的構造呢？這是因爲男人原來是由太陽生出來的，女人原來是由大地生出來的，至於陰陽人則是月亮生出來的，因爲月亮自己也同時具備太陽和大地的性格。他們的形體和運動都是圓的，因爲都像他們的父母。這種人的體力和精力當然都非常強壯，因此自高自大，乃至於圖謀向神們造反。他們的故事正和荷馬所說的厄法爾揑斯和俄圖斯的故事[31]一樣，想飛上天，去和神們打仗。」

「於是宙斯和眾神會商應付的辦法，他們茫然莫知所措。他們不能滅絕人種，像從前他們用雷電滅絕巨人的那樣[32]，因爲滅絕了人類，就滅絕了人類對神的崇拜和犧牲祭祀；可是人類的蠻橫無理也是在所不能容忍的。宙斯用盡了頭腦，終於想出一個辦法。他說：『我找到了一個辦法，一方面讓人類還活著，一方面削弱他們的力量，使他們不敢再搗亂。我提議把每個人截成兩半，這樣他們的力量就削弱了，同時，他們的數目加倍了，這就無異於

31 厄法爾揑斯和俄圖斯是兄弟，從小就勇武，想登天造反，把希臘的三座山一座架在另一座頂上作梯子，後來被阿波羅殺了。故事見荷馬的《奧德賽》卷十一。

32 宙斯當天帝，巨人們造反，宙斯和他們打了十年，才用雷電把他們滅絕，埋到埃特那火山底下去。

說，侍奉我們的人和獻給我們的禮物也就加倍了。截了之後，他們只能用兩隻腳走路。如果他們還不肯就範，再要搗亂，我就再把他們每人截成兩半，讓他們只能用一隻腳跳來跳去。』宙斯說到就做到，他把人截成兩半，像截青果做果脯和用頭髮截雞蛋一樣。截過之後，他吩咐阿波羅把人的面孔和半邊頸項扭轉到截開的那一面，使人常看見截痕，學乖一點；扭轉之後，再把傷口醫好。阿波羅於是把他們的面孔扭轉過來，把截開的皮從兩邊拉到中間，拉到現在的肚皮地方，好像用繩子封緊袋口一樣。他把縫口在肚皮中央繫起，造成現在的肚臍。然後他像皮鞋匠把皮放在鞋模上打平一樣，把皺紋弄平，使胸部具有現在的樣子，只在肚皮和肚臍附近留了幾條皺紋，使人永遠不忘過去的懲罰。」

「原來人這樣截成兩半之後，這一半想念那一半，想再合攏在一起，常互相擁抱不肯放手，飯也不吃，事也不做，直到餓死、懶死爲止。若是這一半死了，那一半還活著，活著的那一半就到處尋求匹偶，一碰到就跳上前去擁抱，不管那是全女人截開的一半（就是我們現在所謂女人），還是全男人截開的一半。這樣，人類就逐漸消滅掉了。宙斯起了慈悲心，就想出一個新辦法，把人的生殖器移到前面——從前都是在後面，生殖不是借男女交媾，而是把卵下到土裡，像蟬一樣——使男女可以借交媾來生殖。由於這種安排，如果抱著相合的是男人和女人，就會傳下人種；如果抱著相合的是男人和男人，至少也可以發洩情慾，讓心裡輕鬆一下，好去從事人生的日常工作。就是像這樣，從很古的時代，人與人彼此相愛的情慾就種植在人心裡，它要恢復原始的整一狀態，把兩個人合成一個，醫好從前截開的傷疼。」

「所以我們每人只是人的一半，一種合起來才見全體的符[33]，每一半像一條魚剖開的半邊，兩邊還留下可以吻合的縫口。每個人都常在希求自己的另一半，那塊可以和他吻合的符。凡是由上文所說的陰陽人截開的男人就成爲女人的追求者，男情人大半是這樣起來的，至於截開的女人也就成爲女情人，男人的追求者。凡是由原始女人截開的女人對於男人就沒有多大興趣，只眷戀和自己同性的女人，於是有女子同性愛者。凡是由原始男人截開的男人在少年時代都還是原始男人的一截面，愛和男人做朋友，睡在一起，乃至於互相擁抱。這就是『孌童』和『象姑』們。他們在少年男子中大半是最優

33 中國古代以符為信，符可以用竹木和金屬材料做成，一整體截成兩半，兩半相合無縫。才可證明符是真的。古代希臘也有類似的器具。

秀的，因爲具有最強烈的男性。有人罵他們爲無恥之徒，其實這是錯誤的，因爲他們的行爲並非由於無恥，而是由於強健勇敢，富於男性，急於追求同聲同氣的人。最好的證明是只有這批少年到了成年之後，才能在政治上顯出是男子漢大丈夫。一旦到了壯年，他們所愛的也就是少年男子，對於娶妻生養子女沒有自然的願望，只是隨著習俗去做；他們自己倒寧願不結婚，常和愛人相守。總之，這種人的本性就是只愛同性男子，原因是要『同聲相應，同氣相求』。」

「如果這樣一個人，無論他是少年男子的戀愛者還是另一種戀愛者，碰巧遇到另一個人恰是他自己的另一半，那就會發生什麼樣情形呢？他們就會馬上互相愛慕，互相親暱，一刻都不肯分離。他們終生在一起過共同的生活，可是彼此想從對方得到什麼好處，卻說不出。沒有人會相信，只是由於共享愛情的樂趣，就可以使他們這樣熱烈地相親相愛，很顯然地，兩人心中都在願望著一種隱約感覺到而說不出來的另一種東西。假如正當他們抱著睡在一床的時候，赫淮斯托斯帶著他的鐵匠工具站到他們的面前[34]，向他們說：『你們這兩個人，彼此想從對方得到的究竟是什麼呢？』假如因爲看見他們倉皇不知所答，他就再問他們：『你們是否想緊緊地結合在一起，日夜都不分離呢？如果你們的願望是這樣，我可以把你們放在爐裡熔成一片，使你們由兩個人變成一個人，只要你們在世一天，你們就一天像只是一個人在

34 火神赫淮斯托斯是鐵匠的祖師。見《伊利亞特》卷一。赫拉是天后，和天神宙斯有時吵嘴，宙斯往往打她或是叫人捆吊她。赫淮斯托斯是火神，常站在母親方面，宙斯把他從天上拋下，所以他跌跛了腿。

活著。假如你們死，那也就在一道死，走到陰間的就不是兩個人而只是一個人。想一想看，你們是否想這樣辦？這樣是否能使你們心滿意足？』聽到這番話之後，我敢擔保，他們之中沒有一個人會答一個『不』字，或是表示願望其他的東西。他們每個人都會想，這正是他們許久以來所渴望的事，就是和愛人熔成一片，使兩個人合成一個人。」

「這一切原因就在人類本來的性格是如我向你們所說的，我們本來是完整的，對於那種完整的希冀和追求就是所謂愛情。從前，我已經說過，我們是一體；可是在現在，由於我們的罪過，神把我們分割開來了，如同拉刻代蒙人分割阿卡狄亞人那樣[35]。如果我們對神們不守規矩，恐怕不免要再被

35 這有兩說，一說是指西元前三八五年的事。拉刻代蒙人（即斯巴達人）侵略阿卡狄亞（伯羅

神們截開一次，走起路來像墓石上那些側面浮雕的人物一樣，從鼻梁中線剖開，成了些符的碎片。所以我們應奉勸世人在一切事上面都要敬神，免得再度受懲罰，而且在愛神的保佑之下，得到福氣。任何人都千萬不能在行爲上瀆犯了愛神，得罪於神們通常都由於這個罪過。如果我們一旦成了愛神的朋友，與他和平相處，我們就會碰見恰好和我們相配合的愛人，在今天能享到這種福氣的人們是多麼稀罕喲！請厄里什馬克不用插嘴嘲笑我，以爲我的話是影射著保薩尼亞斯和阿伽頌兩人。他們也許的確是屬於少數幸運者的行

奔尼撒半島東北地區），把它的名城曼提尼亞毀壞，把它的居民遷徙到其他地方去。一說是指西元前四一七年的事。斯巴達爭霸權，把阿卡狄亞同盟解散了。如從前說，本篇應寫在西元前三八五年之後，如從後說，它可能寫得較早。

列，而他們也的確都是男人。不過我所指的是全世界的男男女女，我說全體人類都只有一條幸福之路，就是實現愛情，找到恰好和自己配合的愛人，總之，回原到人的本來性格。這種回原既然是最好的事，那麼，達到這個目標的最捷的路徑當然也就是最好的路徑，這就是得到一個恰好符合理想的愛人。愛神是成就這種功德的神，所以他值得我們歌頌。在今生，他保佑我們找到恰好和我們相配合的，在來生，他給我們無窮的希望。如果我們能敬神，愛神將來就會使我們回原到我們原來的完整一體，醫好我們，使我們享十全的福氣。」

「厄里什馬克，這是我對愛神的頌辭，和你的不一樣，請你不要拿它來開玩笑，我們還要聽聽其餘諸位的話，至少還有阿伽頌和蘇格拉底兩位，沒有說話。」[36]

「好，我聽你的話，」厄里什馬克說，「我實在很欣賞你的頌辭。若不是我素來知道蘇格拉底和阿伽頌在愛情這個題目上都很內行的話，我就會擔心他們不容易措辭，因爲許多的話都已說過了。不過對於他們兩位，我還是

36　阿里斯托芬的頌辭，像他的喜劇作品一樣，在謔浪笑傲的外表之下，隱藏著很嚴肅的深刻的思想。從表面看，他替人類的起源和演變描繪了一幅極滑稽可笑的圖畫，替同性愛和異性愛給了一個既荒唐而又像近情理的解釋。從骨子裡的思想看，他說明愛情是由分求合的企圖，人類本是渾然一體，因為犯了罪才被剖分成兩片，分是一種懲罰，一種疾病，求合是要回到原始的整一和健康；所以愛情的歡樂不只是感官的或肉體的，而是由於一種普遍的潛在的要求由分而合的慾望得到實現，這番話著重愛情的整一，推翻了保薩尼亞斯的兩種愛神的看法；同時，像厄里什馬克的看法一樣，也寓有矛盾統一的道理。

很有信心。」

蘇格拉底就接著說：「厄里什馬克，你的頌辭倒頂好。可是假如你現在坐在我的位置，尤其是在阿伽頌說完話之後，你會覺得誠惶誠恐，像我現在一樣。」阿伽頌說：「蘇格拉底，你是要灌我的迷魂湯，要我想起聽眾在指望我說出一番漂亮話，心裡慌張起來。」蘇格拉底說：「阿伽頌，我親眼看見過你領著你的演員們高視闊步地登臺，對著廣大的聽眾表演你的作品，絲毫不露慌張的神色，如果現在我相信我們這幾個人就可以擾亂你的鎮靜，那麼，我就未免太健忘了。」阿伽頌說；「蘇格拉底，我希望你不要那樣小看我，以爲我輕易讓劇場聽眾弄昏了頭腦，忘記了在一個明白人來看，少數有理解的人比一大群蠢人要可怕得多。」蘇格拉底說：「阿伽頌，若是我以爲像你這樣一個聰明人還有凡俗的見解，我就眞正是錯誤了。我可是很明白，如果你遇見你覺得是聰明的人們，你會把他們的見解看得比大眾的見解更重要。我恐怕這種聰明的人們並不是我們，因爲我們那天也在場，是大眾的一部分。不過假如你遇見旁人，眞正是聰明的，你會覺得在他們面前做醜事是很可恥的，是不是？」阿伽頌說：「你說的對。」蘇格拉底又問：「在大眾面前做了醜事，你就不覺得有什麼可恥嗎？」聽到這話，斐德羅就插嘴說：「親愛的阿伽頌，如果你盡在回答蘇格拉底的問題，他就會完全不管我們今天所計畫做的事有什麼樣結果。只要找到一個對話人，他就會和他辯論到底，尤其是在對話人是一個美少年的時候。我自己倒愛聽蘇格拉底辯論，不過我今天負責照管愛神的頌辭，在聽過你們每人的話之後，還要聽他的。請你們先把愛神的這筆債還清了，然後再進行你們的辯論。」阿伽頌說：「斐德羅，你說的對，沒有什麼事可以攔阻我說話，至於和蘇格拉底辯論，我可以另找機會。」

阿伽頌接著說：「我打算先說我該怎樣說的計畫，然後再說下去。前此說話的諸位都不是頌揚愛神，而是慶賀人類從愛神所得到的幸福，沒有一個人談到這位造福人類者的本質。無論頌揚什麼，只有一個正確的辦法，就是先說明所頌揚的人物的本質，然後說明他所產生的效果。所以頌揚愛神，也要先說他的本質，後說他的恩惠。」

「因此，我先做這樣一個肯定，愛神在所有的神中是福氣最大的——這話並非要引起其他神們的妒忌——因爲他在神們之中是最美而且最善的。他是最美的，因爲第一層，斐德羅，他在神們之中是最年輕的。最好的證明是他自己供給的，他遇到老年就飛快地逃跑，老年本身也就跑得夠快了，快得叫我們不大情願。[37]在本質上愛神就厭惡老年，不肯接近他，遠遠地望到他就引身退避。他總是愛和少年混在一起，因爲他自己就是一個少年，古話說得好『物以類聚』。斐德羅說的話大部分我都同意，只是他以爲愛神比克洛諾斯和伊阿珀托斯還更古老[38]，我卻不敢同意。我的看法正相反，愛神在神們之中不但是最年輕的，而且永遠年輕。至於赫西俄德和巴門尼德所傳述的關於古代神們的紛爭，如果是眞的，也應該是由於定命神而不是由於愛神。因爲如果當時他們中間已有愛神，就不會有那些互相殘殺幽囚以及許多殘

37 老年來得太快。
38 依希臘神話，克洛諾斯是天神宙斯的父親，伊阿珀托斯是肩扛地球的神阿特拉斯的父親，所以都以古老著名。

暴的行爲，就只會有和平和友愛，如同從愛神成了神們的統治者以來的情形。」[39]

「所以愛神年輕是千眞萬確的，唯其年輕，所以很嬌嫩。可惜沒有像荷馬那樣的詩人把他的神明的嬌嫩描寫出來。荷馬倒形容過阿特，說她不僅是一位女神，而且嬌嫩，她的一雙腳至少是嬌嫩的，荷馬這樣說過：

她的腳實在嬌嫩，因為她不在地上走，

39 這段的大意是古代神們常鬥爭殘殺，是因為年輕的愛神還未出世。赫西俄德的《神譜》說到克洛諾斯殘殺他的父親烏剌諾斯，幽囚獨眼神，以及宙斯討伐叛神之類故事。巴門尼德是當時著名的哲學家，著作只存片段。「世界主宰」的原文是說「統治世界的女神」，譯者解說不一，有人以為是「正義」，有人以為是「生殖的大原則」。

她的行徑是人們的頭腦。40

所以在荷馬看，嬌嫩有一個明顯的標誌，就是她走軟的，不走硬的。我們用同樣的標誌來看愛神，也可以說，他是嬌嫩的，因爲他不在地上走，也不在腦殼上走（這也不是什麼柔軟的東西），而是在世上最柔軟的東西上走，也就在那上面住。他所奠居的地方是人和神的心靈。並且不是任何心靈，毫無抉擇，而是遇到心硬的就遠走，心軟的就住下去。愛神既然不但用腳而且用全身盤踞最柔軟東西的最柔軟部分，他本身也就非常嬌嫩，這是必然的道

40 阿特是宙斯的女兒，常在不知不覺之中迷惑人的心神，使人輕舉妄動。引語見《伊利亞特》卷十九。

理。」

「從此可知，愛神最年輕，也最嬌嫩。此外，他的形體也柔韌。如果他堅硬，他就不會隨時隨地都能屈身遷就，而且在每個心靈中溜進溜出，不叫人發覺。他的柔韌與隨和還有一個明顯的證據，就是他的相貌的秀美，秀美是愛神的特質，這是人所公認的。醜惡和愛神卻永遠水火不相容。他經常在花叢中過活，所以顏色鮮美。無論是身體、心靈或是其他，若是沒有花，或是花謝了，愛神就不肯棲身；他所棲身的地方一定是花豔香濃。」

「關於愛神的美，所說的話已很夠，但是可說的話還是很多。我們現在且來說愛神的善。他的最大的光榮在既不施害於人神，也不受人神的害。暴力與他無緣：若是他有所忍受，忍受的也不是暴力，因爲暴力把握不住愛神；若是他有所發動，發動的也不是暴力，因爲愛情都是出於自願的，雙方的情投意合才是『愛情的金科玉律』。」

「愛神不僅有正義，而且有節制。大家都公認節制是快感和情慾的統治力。世間沒有一種快感比愛情本身還更強烈。一切快感都比不上愛情，就由於它們都受愛神的統治，而愛神是他們的統治者。愛神既然統治著快感和情慾，他不就是最有節制嗎？」

「再說勇敢，『連戰神也抵擋不住』愛神。我們沒聽說過，愛神被戰神克服，只聽說過，戰神被愛神克服，被阿佛洛狄忒克服[41]。克服者總比被克服者強。愛神既然能克服世間最勇敢的，他也就必然是勇敢無比了。」

「愛神的正義，節制和勇敢都已經說過了，剩下要說的是他的聰明才

41　阿佛洛狄忒本是火神的妻，卻愛上戰神，和他私通。見《奧德賽》卷八。

智。在這一點上我必須盡力說得透澈。頭一層，像厄里什馬克一樣，我也得要尊敬我的行業，說愛神是一位卓越的詩人，一切詩人之所以成其爲詩人，都由於受到愛神的啓發。一個人不管對詩多麼外行，只要被愛神掌握住了，他就馬上成爲詩人。這就很可以證明愛神是一個熟練的詩人，對一般的音樂創作都很拿手，因爲一個人如果自己沒有一件東西，他就不能拿它給旁人，如果不會一件事，也就不能拿它來教旁人。還不僅此，一切生命形式的創造，一切生物的產生，誰敢說不都是愛神的功績呢？再說一切技藝，凡是奉愛神爲師的藝術家都有光輝的成就，凡是不曾承教於愛神的都黯然無光。阿波羅怎樣發明射擊、醫藥和占卜的？還不是由於慾望和愛情的誘導？所以阿波羅其實還是愛神的徒弟。各種詩神在音樂方面，赫淮斯托斯在金工方面，雅典娜在紡織方面，宙斯在人神統治方面，也都要歸功於愛神的教益。所以自從愛神一出現，神們的工作就上了軌道，有了秩序，這顯然是對於美的愛好，因爲醜不能作爲愛的基礎。像我開頭就說過的，在愛神出現之前，定命神用事，神們中間曾發生許多凶惡可怕的事；自從愛神降生了，人們就有了美的愛好，從美的愛好就產生了人神所享受的一切幸福。」

「斐德羅，我的看法是這樣。愛神在本質上原來就具有高尙的美和高尙的善，後來一切人神之間有同樣的優美品質，都由愛神種下善因。現在我想到兩行詩，正可以表現我的意思：

人世間的和平，海洋上的風平浪靜，
狂風的安息，以及一切苦痛的甜睡，

這都是愛神的成就。他消除了隔閡，產生了友善，像我們今天這樣的一切歡聚慶祝，一切宴會，樂舞和祭祀儀式，都是由他發動的、領導的。他迎來和睦、逐去暴戾、好施福惠、怕惹仇恨，既慷慨而又和藹，所以引起哲人的欣羨，神明的驚讚。沒有得到他的保佑的人們想念他，已經得到他的保佑的人們珍視他。他的子女是歡樂、文雅、溫柔、優美、希望和熱情，只照顧好的，不照顧壞的。在我們的工作中他是我們的領導，在我們的憂患中他是我們的戰友和救星，在文酒集會中，他是我們的伴侶。無論是人是神，都要奉他為行為的規範，每個人都應當跟著這位優美的嚮導走，歌唱讚美他的詩歌，並且參加他所領導的使人神皆大歡喜的那個樂曲。」

「斐德羅，這就是我的頌辭。我盡了我的力，使這篇頌辭時而莊重、時而詼諧。我願意把它作爲我對愛神的獻禮。」[42]

阿伽頌的話說完了之後，據阿里斯多德穆斯告訴我，在座的人們全體熱烈鼓掌，讚賞這位少年說得那樣好，是他自己的光榮，也是愛神的光榮。於是蘇格拉底瞟了厄里什馬克一眼，向他說。「阿庫門的兒子，你看，我原來所怕的果然不足怕嗎？我原來就說阿伽頌會說得頂好，使我難以爲繼，不是有先見之明嗎？」厄里什馬克回答說：「你確實說過他會說得頂好，在這一點上你倒是有先見之明。可是你說難以爲繼。我卻不敢承認。」蘇格拉底

42 阿伽頌的頌辭著重愛神的本質和功用。論本質他是盡善盡美；論功用他是一切藝術、一切技藝，乃至於一切事業的感發者。總之，阿伽頌把所有的好話都堆在愛神身上，他的結構是很平板的，理由是很牽強附會的，卻斤斤計較修辭學上一些小伎倆，仍然不脫詭辯派的習氣。

說；「我的好人啊，怎麼不是難以爲繼？不但是我，就是任何人在聽過這樣既富麗而又優美的頌辭之後，要再說話，不都會有同樣感覺嗎？全文各部分都頂精彩，精彩的程度固然不同，但是快到收尾時，辭藻尤其美妙，使聽者不能不驚魂蕩魄。就我自己來說，我知道很清楚，無論如何，我也說不到那樣好，自覺羞愧，想偷溜出去，可惜找不著機會。阿伽頌的頌辭常使我想起高爾吉亞，誠惶誠恐的心情恰如荷馬所描寫的，我深怕阿伽頌在他的收尾的字句中會把那位大雄辯家高爾吉亞的頭捧給我看，使我化成頑石，啞口無言[43]。」

43 高爾吉亞是當時有名的詭辯家，阿伽頌所敬佩模仿的。蘇格拉底的頌揚全是諷刺。高爾吉亞（Gorgias）與高根（Gorsones）字形相近。高根在希臘神話中是一種女妖怪，頭髮是蛇，凶

「所以我明白了，當初我和你們約定我也來跟著你們頌揚愛神，並且說我自己對愛情很內行，而其實我對於怎樣去頌揚一個東西，茫然無知，這眞是荒唐可笑。由於我的愚蠢，我原來以爲每逢頌揚時，我們對於所頌揚的東西應該說眞實話，有了眞理做基礎，然後選擇最美的事實，把它們安排成最美的形式。我原來自視很高，自信一定可以說得頂好，因爲我自以爲知道做頌辭的眞正方法。可是現在看來，一篇好頌辭好像並不如此，而是要把一切最優美的品質一齊堆在所頌揚的對象身上去，不管是眞是假，縱然假也毫無關係。我們的辦法好像每人只要做出頌揚愛神的樣子，並不要眞正去頌揚

惡可怕，見者立即化為頑石。見《奧德賽》卷十一。蘇格拉底拿高爾吉亞式的辭藻比高根的頭。

他。就是因爲這個緣故，在我看來，你們費盡氣力把一切優點全歸到愛神，說他的本質如何完美，效果如何偉大，使他在無知之徒的眼前——當然不是在有見識人的眼前一現出是最美最善的東西。這種頌揚的方式倒是頂堂皇典麗的，可是當我答應跟著你們頌揚愛神的時候，就不知道是要用這樣方式。所以那只是我的口頭應允，並非我的衷心應允。請諸位准許我告辭吧，我不能做這樣的頌辭，我根本不會。不過你們如果肯讓我用我自己的方式專說一些老實話，不是和你們比賽口才，使我成爲笑柄，那麼，我倒情願來試一試。斐德羅，請你決定一下，你們是否還要一篇老實話來頌揚愛神，不斤斤計較辭藻，讓我想到什麼就說什麼呢？」

斐德羅和其他在座的人們都請蘇格拉底說下去，用什麼方式都隨他的便。蘇格拉底說：「還有一個請求，斐德羅，我想向阿伽頌問幾個問題，先得到他的一致意見，然後才說我的話。」斐德羅說：「我答應你的請求，問他吧！」

據阿里斯多德穆斯說，此後蘇格拉底就這樣開始了。

蘇 親愛的阿伽頌，你的頌辭開端就聲明先要說明愛神的本質，然後再陳述他的功勞，這的確很妥當。你的這段開端我十分欽佩。你把愛神的本質說得非常美妙高華，我還想請問你一句：愛是有對象，還是沒有對象呢？我的意思並非要問愛情是否就是對父親或母親的愛，這樣問題當然很荒謬可笑。但是假如關於父親，我提出這樣一個問題：一個父親還是某某人的父親，還是不是什麼人的父親呢？這問題倒和我剛才所提出的那個問題相類似。如果你想答得妥當，你當然會說：父親是兒女的父親。是不是？

阿 當然。

蘇 母親也是兒女的母親？

阿 是。

蘇 那麼，再請回答幾個問題，好使你把我的意思懂得更清楚一點。假如我這樣問你：一個弟兄，就其爲弟兄而言，他是不是某某人的弟兄？比如說，弟或妹的兄？

阿 不錯。

蘇 現在就請你把這道理應用到愛情上：愛情還是某某對象的愛，還是不是什麼對象的愛呢？

阿 它當然是某某對象的愛。

蘇 請謹記著這一點，愛情的對象是什麼。現在暫請問：鍾愛者對於所愛的對象

阿　有沒有慾望呢？（是否想他呢？）

蘇　無疑地有慾望。

阿　在愛他、想他的時候，鍾愛者是否已經得到了（占有了）那個對象？

蘇　大概說來，他還沒有得到那個對象。

阿　不是什麼「大概」，要的是確定不移。請想一想，一個人在想一個東西，是否就必然還沒有那件東西，有了它是否就必然不再想它？在我看，這是確定不移的。阿伽頌，你看如何？

蘇　我和你的看法是一致的。

阿　很好。已經大的人就不再想大，已經強的人就不再想強，是不是？

蘇　就我們已經承認的話來說，這是不可能的。

阿　我想這是因爲他既然有了這類品質，就不再需要它們。

阿 你說的對。

蘇 假如強者還想強、捷者還想捷、健康者還想健康……也許有人會說，凡是已經有了某某品質的人還是可以想有那些品質。為了免得受他們的蒙混，阿伽頌，我得這樣說：請你想一想，這些人既然有了這些品質，這「有」是必然的，無論他們願不願有它們，他們都必得有，他們怎樣還能想有他們所已有的呢？假如有人向我們說：「我本來康健，可是還在想康健，我本來富有，可是還在想富有；我就是想有我所已有的。」我們就該這樣回答他：「我的好人，你現在想富有、想康健、想強壯，是為了將來而想它們，現在你不管想不想它們，你都已經有它們了。你說：『我想有我所已有的，』請想一想，你這句話是不是說：『現在我所已有的東西，我想將來仍舊有它們？』」阿伽頌，他會不會承認這話呢？

阿 他該承認。

蘇 愛情不恰恰也是這樣？一個人既然愛一件東西，就還沒有那件東西；他想它，就是想現在有它，或是將來永久有它。

阿 當然。

蘇 所以總結起來，在這個情形和在一般情形之下，所想的對象，對於想的人來說，是他所缺乏的，還沒有到手的，總之，還不是他所占有的。就是這種東西才是他的慾望和愛情的對象。

阿 的確如此。

蘇 現在我們且回看一下上文所說的話，看我們在哪幾點上已經得到一致的意見。頭一層，愛情是針對著某某對象的；其次，這種對象是現在還沒有得到的。是不是？

阿 是。

蘇 既然如此，就請你回想一下在你的頌辭裡，你把哪些東西看作愛情的對象。我可以提醒你，你所說的大致是這樣；由於對於美的事物的愛，神們才在他們的世界裡奠定了秩序，醜的事物不是愛情的對象。你是否是這樣說的？

阿 不錯，我說的確是這樣。

蘇 你說的很妥當，朋友。既然如此，愛情的對象就該是美而不是醜了？

阿 對。

蘇 我們不是也承認過：一個人所愛的是他所缺乏的，現在還沒有的嗎？

阿 不錯。

蘇 那麼，美就是愛情所缺乏的，還沒有得到的？

阿 這是必然的。

蘇 缺乏美的，還沒有美的東西你能叫它美嗎？

阿 當然不能。

蘇 既然如此，你還能說愛神是美的嗎？

阿 蘇格拉底，恐怕當初我只是信口開河，對於所說的那一套道理根本沒有懂得。

蘇 你的辭藻卻是實在美麗，阿伽頌；但是我還要請問一點：你是否以爲善的東西同時也是美的？

阿 對，我是這樣想。

蘇 愛神既然缺乏美的東西，而善的東西既然同時也是美的，他也就該缺乏善的東西了。

阿 我看不出有什麼方法可以反駁你，蘇格拉底，就承認它是像你所說的吧！

蘇 親愛的阿伽頌，你所不能反駁的是眞理不是蘇格拉底，反駁蘇格拉底倒是很容易的事。

好，我現在不再麻煩你了，且談一談我從前從一位曼提尼亞國的女人，叫作第俄提瑪的，所聽來的關於愛情的一番話。這位女人對愛情問題，對許多其他問題，都有眞知灼見。就是她，從前勸過雅典人祭神禳疫，因此把那次瘟疫延遲了十年；也就是她，傳授給我許多關於愛情的道理。我現在就按照剛才阿伽頌和我所已達到協議的論點，盡我的能力，把她教給我的話重述一番。阿伽頌，就依你的辦法，我先說愛神的本質，然後再說他的功勞。我看最好的辦法就是按照那位異方女人怎樣考問我的次序來談。當時我向第俄提瑪所說的話也正和阿伽頌今晚向我所說的一模一樣，我說過愛神是一位偉大的神，說他的對象是美。她反駁我的話也正和我反駁阿伽頌的一樣，說愛神既不美，又不善。往下我就和她做如下的對話：

蘇 你這話怎樣講，第俄提瑪，愛神是醜的惡的嗎？

第 別說謾神的話！你以為凡是不美的就必然醜嗎？

蘇 當然。

第 凡是沒有真知的人就必然無知嗎？真知與無知之中有一個中間情況，你沒有想到嗎？

蘇 那是什麼？

第 有正確見解而不能說出道理，知其然而不知其所以然，這還不能算是真知，因為未經推理的認識怎麼能算是真知呢？但是也不能算是無知，因為碰巧看得很正確，怎麼能算是無知呢？所以我以為像正確見解就是介乎真知與無知之中的一種東西。

蘇　你說的很對。

第　那麼，你就不能硬說凡是不美的就必然是醜的。凡是不善的就必然是惡的。愛神也是如此，你既然承認了他不善不美，別就以為他必惡必醜，他是介乎兩者之間的。

蘇　可是每個人都承認愛神是一個偉大的神呀！

第　每個人？每個有知的人，還是每個無知的人？

蘇　都在一起，全世界的每個人。

第　（笑）蘇格拉底，他們既然不承認他是一個神，怎麼能承認他是一個偉大的神呢？

蘇　你所說的「他們」是誰？

第　你是其中之一，我也是其中之一。

蘇 這話怎樣可以證明？

第 容易得很。請問：你不說凡是神都是美的，有福分的？你敢否認任何一個神的美和福分嗎？

蘇 憑老天爺，我不敢否認！

第 凡是人只要具有美的事物和善的事物，你就認為他們有福分，是不是？

蘇 一點不錯。

第 但是你也承認過：愛神因為缺乏善的事物和美的事物，才想有他所沒有的那些事物？

蘇 我承認過。

第 他既然缺乏美的事物和善的事物，怎麼能算是一個神？

蘇 看來像是不能。

第 既然如此，你看，你自己就是一個不把愛神看作神的[44]。

蘇 那麼，愛神是什麼呢？一種凡人嗎？

第 絕對不是。

蘇 是什麼呢？

第 像我原先所說的，介乎人神之間。

蘇 他究竟是什麼，第俄提瑪？

第 他是一種大精靈，凡是精靈都介乎人神之間。

44 「愛神不是神」，好像自相矛盾。這裡如把愛神的名字譯音為「厄洛斯」，似較妥。但「厄洛斯」在希臘文的含義仍是「愛神」，如果因為第俄提瑪的翻案，就把全篇的「愛神」改成「厄洛斯」，也還是不妥。所以仍用「愛神」，取其較易了解。據神話，愛神叫作厄洛斯（Eros）。是女愛神阿佛洛狄忒的兒子，而她又是天帝宙斯的女兒，火神的妻。

蘇　精靈有什麼功用？

第　他們是人和神之間的傳語者和翻譯者，把祈禱祭禮由下界傳給神，把意旨報應由上界傳給人；既然居於神和人的中間，把缺空填起；所以把大乾坤聯繫成一體。他們感發了一切占卜術和司祭術，一切關於祭禮、祭儀、咒語、預言和巫術的活動。神不和人混雜，但是由於這些精靈做媒介，人和神之中才有來往交際，在醒時或是在夢中。凡是通這些法術的人都是受精靈感通的人，至於通一切其他技藝行業的人只是尋常的工匠。這些精靈有多種多樣，愛神就是其中之一。

蘇　他的父母是誰呢？

第　說起來話很長，但是我還是不妨替你講一講。當初阿佛洛狄忒誕生時，神們設筵慶祝，在場的有豐富神、聰明神的兒子。他們飲宴剛完，貧乏神照例來行乞，在門口徘徊。豐富神多飲了幾杯酒，喝醉了，走到宙斯的花園裡，頭昏沉沉地就睡去了，貧乏神所缺乏的就是豐富，心裡想和豐富神生一個孩子，就跑去睡在他的旁邊，於是就懷了孕，懷的就是愛神。愛神成了阿佛洛狄忒的僕從，就是因為這個緣故，因為他是在阿佛洛狄忒的生日投胎的，因為他生性愛美，而阿佛洛狄忒長得頂美。[45]

因為他是貧乏神和豐富神配合所生的兒子，愛神就處在一種特殊的境遇。頭一層，他永遠是貧乏的，一般人以為他又文雅又美，其實滿不是那麼一回事，他實在粗魯醜陋、赤著腳，無家可歸，常是露天睡在地上、路旁，或是人家門樓下，沒有床褥。總之，像他的母親一樣，他永遠在貧乏中過活。但是他也像他的父

45 這段神話不見經傳，是虛構的。這裡所謂「豐富」和「貧乏」都不僅在經濟方面，同時也在思想智慧方面。依第俄提瑪看，愛是這兩種相反者的統一。

親，常在想法追求凡是美的和善的，因為他勇敢，肯上前衝，而且百折不撓。他是一個本領很大的獵人，常在設詭計，愛追求智慧，門道多，終身在玩哲學，是一位特出的魔術家、幻術家和詭辯家。在本質上他既不是一個凡人，也不是一個神。在同一天之內，他時而茂盛，時而萎謝，時而重新活過來，由於從父親性格所得來的力量。可是豐富的資源不斷地來，也不斷地流走，所以他永遠是既不窮，又不富。

其次，他也介乎有知與無知之間。情形是這樣：凡是神都不從事於哲學，也無意於求知，因為他們已經有哲學和知識了，凡是已經知道的人也都不再去探求。但是無知的人們也不從事於哲學，也無意於求知，因為無知的毛病正在於儘管不美、不善、不聰明，卻沾沾自滿。凡是不覺得自己有欠缺的人就不想彌補他根本不覺得的欠缺。

蘇 既然如此，第俄提瑪，哪些人才從事於哲學呢？既然有知者和無知者都不算在內？

第 這是很明白的，連小孩子也看得出，他們就是介乎有知與無知之間的，愛神就是其中之一。因為智慧是事物中最美的，而愛神以美為他的愛的對象，所以愛神必定是愛智慧的哲學家，並且就其為哲學家而言，是介乎有知與無知之間的。他的這種性格也還是由於他的出身，他的父親確是聰明富有，他的母親卻愚笨貧窮。親愛的蘇格拉底，這個精靈的本質就是如此。你原來對於愛神有另樣的看法，這也並不足怪。因為照你自己的話來看，你以為愛神是愛人而不是情人，是被愛者而不是鍾愛者。你把愛神看成絕美，就是因為這個緣故。其實可愛者倒真是美、嬌嫩、完善、有福分；但是鍾愛者的本質卻完全不同，如我所說明的。

蘇 很好，外方客人，你說的頂好。愛神的本質既然是如你所說的，他對於人類有什麼功用呢？

第 這正是我要啓發你的第二個問題，蘇格拉底。愛神的本質和出身既然像我所說過的，而他的對象是美的事物，你也承認了。假如有人這樣問我們：「蘇格拉底和第俄提瑪，對於美的事物的愛究竟是什麼呢？或是說得更明白一點，『凡是愛美者所愛的究竟是什麼？』」

蘇 他愛那些美的事物終於歸他所有。

第 但是你的答案引起了另一問題：「那些美的事物既然歸他所有之後，他又怎麼樣呢？」

蘇 這問題我還不能立刻回答。

第 好，假如換個題目，問的不是美而是善。「請問，蘇格拉底，凡是愛善者所愛的究竟是什麼？」

蘇 他愛那些善的事物終於歸他所有。

第 那些善的事物既然歸他所有之後，他又怎麼樣呢？

蘇 這個問題倒比較容易回答，我可以說：他就會快樂。

第 對，快樂人之所以快樂，就由於有了善的事物。我們不必再追問他為什麼希望快樂，你的答案似乎達到終點了。

蘇 你說的很對。

第 依你看，這種慾望或愛是不是全人類所公有的呢？是否人人都希望善的事物常歸他所有呢？你怎樣說？

蘇 是這樣，它是全人類所公有的。

第 那麼，既然一切人都永遠一律愛同樣的事物，我們為什麼不說一切人都在愛，而說某些人在愛，某些人不在愛呢？

蘇　我也覺得奇怪。

第　並沒有什麼奇怪。因為我們把某一種愛單提出來，把全體的名稱加在它上面，把它叫作「愛」。旁的名稱也有這樣誤用的。

蘇　請舉一個例。

第　就拿這個例子來說，你知道創作[46]的意義是極廣泛的。無論什麼東西從無到有中間所經過的手續都是創作。所以一切技藝的製造都是創作，一切手藝人都是創作家。

46　原文是poésic，其實就是「詩」，「詩」在希臘文中的意義就是「創作」。有些譯本就用「詩」字來譯。下文「一切手藝人都是創作家」就譯成「一切手藝人都是詩人」。這裡從羅本的法譯。

蘇 你說的不錯。

第 可是你知道，我們並不把一切手藝人都叫作創作家，卻給他們各種不同的名稱；我們在全體創作範圍之中，單提有關音律的一種出來，把它叫作「創作」或「詩」。只是詩這一種創作才叫作「創作」，從事於這種創作的人才叫作「創作家」或「詩人」。

蘇 你說的對。

第 愛這個字也是如此。就它的最廣義來說，凡是對於善的事物的希冀，凡是對於快樂的嚮往，都是愛，強大而普遍的愛。但是在其他方面企圖滿足這種慾望的人們，無論是求財謀利、好運動或是愛哲學，都不叫作「情人們」或「鍾愛者們」，我們也不說他們在戀愛。只有追求某一種愛的人們才獨占全體的名稱，我們說他們在戀愛，把他們叫作「情人」或「鍾愛者」。

蘇 你這番話也許有些道理。

第 我知道有一種學說，以為凡是戀愛的人們追求自己的另一半[47]。不過依我的看法，愛情的對象既不是什麼一半，也不是什麼全體，除非這一半或全體是好的。因為人們寧願砍去手足，如果他們覺得這些部分是壞的。我以為人所愛的並不是屬於他自己的某一部分，除非他把凡是好的都看作屬於自己的，凡是壞的都看作不屬於自己的。人只愛凡是好的東西。你有不同的看法嗎？

蘇 憑宙斯，我沒有什麼不同的看法。

第 那麼，我們可否乾脆地說：凡是好的人們就愛？

蘇 可以這麼說。

47 暗指阿里斯托芬的看法。

第 還要不要做這樣一個補充：人們愛把凡是好的歸自己所有？

蘇 應該做這樣的補充。

第 不僅想把凡是好的歸自己所有，而且永遠歸自己所有。

蘇 這也是應該補充的。

第 總結起來說，愛情就是一種慾望，想把凡是好的永遠歸自己所有。

蘇 這是千真萬確的。

第 愛情既然常如此，現在請問你：人們追求這樣目的，通常是怎樣辦？有愛情熱狂的人發出怎樣行為？這行為的方式怎樣？你說得出嗎？

蘇 如果我說得出，第俄提瑪，我就不用欽佩你的智慧，也不用拜你的門了。我來向你請教的正是這類問題。

第 好，我告訴你吧，這種行為的方式就是在美中孕育，或是憑身體，或是憑心靈。

蘇　你這句話要請占卜家來解釋，我不懂。

第　待我說明。一切人都有生殖力，蘇格拉底，都有身體的生殖力和心靈的生殖力。到了一定的年齡，他們本性中就起一種迫不及待的慾望，要生殖。這種生殖不能播種於醜，只能播種於美。男女的結合其實就是生殖。這孕育和生殖是一件神聖的事，可朽的人具有不朽的性質，就是靠著孕育和生殖。但是生育不能在不相調和的事物中實現。凡是醜的事物都和凡是神聖的不相調和，只有美的事物才和神聖的相調和。所以美就是主宰生育的定命神和送子娘娘。就是因為這個道理，凡是有生殖力的人一旦遇到一個美的對象，馬上就感到歡欣鼓舞、精神煥發起來，於是就憑這對象生殖。如果遇到醜的對象，他就索然寡興、蜷身退避，不肯生殖，寧可忍痛懷著沉重的種子。所以一個人孕育種子到快要生殖的時候，遇到美的對象，就欣喜若狂，因為得到了它，才可解除自己生產的痛苦。照這樣看來，愛情的目的並不在美，如你所想像的。

蘇 然則它在什麼呢？

第 愛情的目的在憑美來孕育生殖。

蘇 就依你那麼說吧！

第 這是不容置疑的。為什麼要生殖呢？因為通過生殖，凡人的生命才能綿延不朽。根據我們已經斷定的話來看，我們所迫切希求的不僅是好的東西，而且還要加上不朽，因為我們說過，愛情就是想凡是好的東西永遠歸自己所有那一個慾望。所以追求不朽也必然是愛情的一個目的。

蘇格拉底說：「我多次聽她談愛情問題，所聽到的教義大體如此。還有一次，她向我提出這樣的問題：」

第 依你看，蘇格拉底，這愛情和這慾望的原因在哪裡？你注意到一切動物在想生殖的時候那種奇怪的心情沒有？無論是在地上走的，還是在空中飛的，在那時候都害著戀愛的病，第一步要互相配合，第二步要哺養嬰兒。為著保衛嬰兒，牠們不怕以最弱者和最強者搏鬥，甚至不惜犧牲性命；只要能養活嬰兒，自己挨飢餓，受各種痛苦，都在所不辭。人這樣做，我們還可以說是因為他受理性的指使。但是動物也都有這種現象，那是什麼原因呢？你能不能告訴我？

蘇 我不知道那是什麼原因。

第 連這道理都不知道，你還想精通愛情的學問嗎？

蘇 我老早就向你說過，正因為不知道，我才來向你求教。請你告訴我，這些結果以及有關愛情的其他結果，都是由於什麼原因。

第 如果你相信愛情在本質上確如我們屢次所斷定的那樣，你就不會再驚疑了。現在這個事例在原則上還是和我們從前所談過的一樣，就是可朽者盡量設法追求不朽。怎樣才能達到不朽呢？那就全憑生殖，繼續不斷地以後一代接替前一代，以新的接替舊的。就拿個體生命來說，道理也是一樣。我們通常以為每一個動物在它的一生中前後只同是一個東西，比如說，一個人從小到老，都只是他那一個人。可是他雖然始終用同一個名字，在性格上他在任何一個時刻裡都不是他原來那個人。他繼續不斷地在變成新人，也繼續不斷地在讓原來那個人死滅，比如他的髮肉骨血乃至於全身都常在變化中。不僅是身體，心靈也是如此。他的心情、性格、見解、慾望、快樂、苦痛和恐懼也都不是常住不變的，有些在生，有些在滅。還有一個更奇怪的事實。就是我們的知識全部也不但有些在生，有些在滅，使我們在知識方面前後從來不是同樣的人，而且其中每一種知識也常在生滅流轉中。我們所謂「回憶」就假定知識可以離去；遺忘就是知識的離去，回憶就是喚起一個新的觀念來代替那個離去的觀念，這樣就把前後的知識維繫住，使它看來好像始終如一。凡是可朽者都是依這個方式去綿延他們的生命，他們不能像神靈的東西那樣永久前後如一不變，而是老朽者消逝之後都留下新的個體，與原有者相類似。蘇格拉底，凡是可朽者在身體方面或其他方面之所以能分享不朽，就是依這個方式，依旁的方式都不可能。因此，一切生物都有珍視自己後裔的本性，並無足怪，一切人和物之所以有這種熱忱和愛情，都由於有追求不朽的慾望。

蘇格拉底說，「聽到她的這番話之後，我非常驚怪，就問她：『真的就是這樣嗎，最淵博的第俄提瑪？』於是她以一個十足的詭辯大師的氣派回答我。」

第　不用懷疑，蘇格拉底，你只須放眼看一看世間人的雄心大志。你會覺得它毫無理性，除非你澈底了解了我所說過的話，想通了他們那樣奇怪地慾望薰心，是為著要成名，要「流芳百世」。為著名聲，還有甚於為著兒女，他們不怕冒盡危險，傾家蕩產，忍痛受苦，甚至不惜犧牲性命。你以為阿爾刻提斯會做她丈夫阿德墨托斯的替死鬼，阿喀琉斯會跟著帕特洛克羅斯死，或是你們自己的科德洛斯會捨身救國，為後人建立忠義的模範嗎[48]？如果他們不想博得「不朽的英名」，現在我們還在紀念的英名？沒有那回事！我相信凡是肯這樣特立獨行的人都在想以不朽的功績來博取不朽的榮譽。他們品格愈高，也就愈要這樣做。他們所愛的都是

48 阿爾刻提斯參看第二十八頁註16。阿喀琉斯故事見《伊利亞特》卷二十二。特洛亞戰爭中，阿喀琉斯和赫克托是希臘和特洛亞兩方面最勇猛的英雄。阿喀琉斯因爭女俘事生氣，拒絕參戰。直到他的愛友帕特洛克羅斯被赫克托殺死，才肯出來為愛友報仇，打退了特洛亞軍，在特洛亞城下窮追赫克托繞城三匝，終於把他殺死。科德洛斯是雅典國王。雅典和多里斯戰爭，得爾福預言告訴他們，如果雅典國王戰死，雅典就會勝利。多里斯人下令要保全科德洛斯的生命。他喬裝樵夫，和多里斯人挑戰，故意送死，因此使雅典得到勝利。

不朽。

凡是在身體方面生殖力旺盛的人都寧願接近女人，他們的愛的方式是求生育子女，因此使自己得到不朽，得到名字的久傳，而且依他們自己想，得到後世無窮的福氣。但是凡是在心靈方面生殖力旺盛的人卻不然。世間有些人在心靈方面比在身體方面還更富於生殖力，長於孕育心靈所特宜孕育的東西。這是什麼呢？它就是思想智慧以及其他心靈的美質。一切詩人以及各行技藝中的發明人都屬於這類生殖者。但是最高最美的思想智慧是用於齊家治國的，它的品質通常叫作中和與正義。這類生殖者是近於神明的，從幼小的時期起，心靈就孕育著這些美質，到了成年時期，也就起了要生殖的慾望。這時候，我想，他也要四處尋訪，找一個美的對象來寄託生殖的種子，因為他永不會借醜的對象來生殖。美本來是他所孕育的一個品質，因此，他對於身體美的對象比對於身體醜的對象較易鍾情。如果他碰見一個美好高尚而資稟優異的心靈，他對於這樣一個身心調和的整體就會五體投地去愛慕。對著這樣一個對象，他就會馬上有豐富的思想源源而來，可以津津談論品德以及善人所應有的性格和所應做的事業。總之，他就對他的愛人進行教育。常和這美的對象交往接觸，他就把孕育許久的東西種下種子，讓它生育出來。無論是住的近或隔的遠，他隨時隨地都一心一意地念著他的愛人。到了嬰兒出世之後，他們就同心協力，撫養他們的公共果實。這樣兩個人的恩愛情分比起一般夫妻還要深厚的多，因為他們所生育的子女比尋常肉體子女更美、更長壽。每個人都寧願與其生育尋常肉體子女，倒不如生育這樣心靈子女，如果他放眼看一看荷馬、赫西俄德以及其他大詩人，欣羨他們所留下的一群子女，自身既不朽，又替他們的父母留下不朽的榮名。再看來古格士在斯巴達所留下的子女不僅替斯巴達造福，而且可以說，替全希臘造福。在你們雅典人中間，梭倫也備受崇敬，因為他生育了你們的法律。此外，還有許多例證，無論在希臘或在外夷，凡是產生偉大作品和孕育無窮功德的人們也都永遠受人愛戴。因為他們留下這樣好的心靈子女，後人替他們建築了許多廟宇供馨香禱祝，至於尋常肉體子女卻從來不曾替父母博得這樣大的榮譽。

以上這些關於愛情的教義，蘇格拉底，你或許還可以領會。不過對於知道依正路前進的人，這些教義還只是達到最深密教的門徑，我就不敢說你有能力參證了[49]。我盡力替你宣說，你須專心靜聽。

---

49 柏拉圖把最高的愛情學問——即哲學——看作一種玄祕的宗教，所以假託一個神祕的女巫來說，用的字常帶有宗教術語的意味。所以譯文借用了一些佛典中的術語。

凡是想依正路達到這深密境界的人應從幼年起，就傾心嚮往美的形體[50]。如果他依嚮導引入正路，他第一步應從只愛某一個美形體開始，憑這一個美形體孕育美妙的道理[51]。第二步他就應學會了解此一形體或彼一形體的美與一切其他形體的美是貫通的。這就是要在許多個別美形體中見出形體美的形式[52]。假定是這樣，那就只有大愚不解的人才會不明白一切形體的美都只是同一個美了。想通了這個道理，他就應該把他的愛推廣到一切美的形體，而不再把過烈的熱情專注於某一個美的形體，就要把它看得渺乎其小。再進一步，他應該學會把心靈的美看得比

50 原文只是「身體」，不過西文中「身體」常指一般物體，用「形體」譯似較妥。形體是感覺的對象，與下文所說的那些理解的對象相對立。

51 原文logos有「言辭」、「文章」、「道理」等義。

52 這裡所謂「形式」就是「理式」，「共相」或「概念」。

形體的美更可珍貴，如果遇見一個美的心靈，縱然他在形體上不甚美觀，也應該對他起愛慕，憑他來孕育最適宜於使青年人得益的道理。從此再進一步，他應學會見到行為和制度的美，看出這種美也是到處貫通的，因此就把形體的美看得比較微末。從此再進一步，他應該受嚮導的指引，進到各種學問知識，看出它們的美。於是放眼一看這已經走過的廣大的美的領域，他從此就不再像一個卑微的奴隸，把愛情專注於某一個個別的美的對象、某一個孩子、某一個成年人，或是某一種行為上。這時他憑臨美的汪洋大海，凝神觀照，心中起無限欣喜，於是孕育無數的優美崇高的道理，得到豐富的哲學收穫。如此精力彌滿之後，他終於一旦豁然貫通唯一的涵蓋一切的學問，以美為對象的學問。

說到這裡，你得盡力專心聽了。一個人如果隨著嚮導，學習愛情的深密教義，順著正確次序，逐一觀照個別的美的事物，直到對愛情學問登峰造極了，他就會突然看見一種奇妙無比的美。他的以往一切辛苦探求都是為著這個最終目的。這種美是永恆的，無始無終，不生不滅，不增不減的。它不是在此點美，在另一點醜；在此時美，在另一時不美；在此方面美，在另一方面醜；它也不是隨人而異，對某些人美，對另一些人就醜。還不僅此，這種美並不是表現於某一個面孔，某一雙手，或是身體的某一其他部分；它也不是存在於某一篇文章，某一種學問，或是任何某一個別物體，例如動物、大地或天空之類；它只是永恆地自存自在，以形式的整一永與它自身同一[53]；一切美的事物都以它為泉源，有了它那一切美的事物才成其為美，但是那些美的事物時而生、時而滅，而它卻毫不因之有所增、有所減。總之，一個人從人世間的個別事例出發，由於對於少年人的愛

53 這就是所謂「絕對美」，它涵蓋一切，獨一無對無待。

情有正確的觀念，逐漸循階上升，一直到觀照我所說的這種美，他對於愛情的深密教義也就算近於登峰造極了。這就是參悟愛情道理的正確道路，自己走也好，由嚮導引著走也好。先從人世間個別的美的事物開始，逐漸提升到最高境界的美，好像升梯，逐步上進，從一個美形體到兩個美形體，從兩個美形體到全體的美形體；再從美的形體到美的行為制度，從美的行為制度到美的學問知識，最後再從各種美的學問知識一直到只以美本身為對象的那種學問，徹悟美的本體。

親愛的蘇格拉底，這種美本身的觀照是一個人最值得過的生活境界，比其他一切都強。如果你將來有一天看到了這種境界，你就會知道比起它來，你們的黃金、華裝豔服、嬌童和美少年——這一切使你和許多人醉心迷眼，不惜廢寢忘食，以求常看著而且常守著的心愛物——都微不足道。請想一想，如果一個人有運氣看到那美本身，那如其本然，精純不雜的美，不是凡人皮肉色澤之類凡俗的美，而是那神聖的純然一體的美，你想這樣一個人的心情會像什麼樣呢？朝這境界看，以適當的方法凝視它，和它契合無間，渾然一體，你想，這對於一個凡人是一種可憐的生活麼？只有循這條路徑，一個人才能透過可由視覺見到的東西窺見美本身，所產生的不是幻象而是真實本體，因為他所接觸的不是幻象而是真實本體，你沒有想到這個道理嗎？只有這樣生育真實功德的人才能邀神的寵愛，如果凡人能不朽，也只像有他這樣才可以不朽。

蘇格拉底說：「斐德羅和在座諸位，這就是第俄提瑪教我的一番話。我自己對它心悅誠服，我也在設法使旁人對它心悅誠服，使人人相信：要想找到一個人幫助我們凡人得到這樣福分，再好不過的就是愛神。因此，我現在奉勸諸位，每個人都應該尊敬愛神。像我自己就特別熱心以尊敬愛神為專業，而且還要激起旁人也有這樣大的熱忱。我現在歌頌愛神，而且要永遠歌頌愛神，盡我所有的能力，來歌頌他的威靈。斐德羅，你把這番話叫作愛神的頌辭也好，給它一個旁的名稱也好，都隨你的便。」54

---

54 蘇格拉底的頌辭是全篇三大段的中段，也是全篇的精義所在。它本身分兩部分，和阿伽頌的對話以及和第俄提瑪的對話。在和阿伽頌的對話裡，他說明了：㈠愛情必有對象；㈡鍾愛者還沒有得到所愛的對象；㈢愛情就是想占有所愛對象那一個慾望；㈣愛情的對象既然是美，如阿伽頌所說的，它就還缺乏美。「愛神是美的」一說不能成立；㈤美善同一，所以愛神也不是善的。這樣蘇格拉底就把阿伽頌的一篇大文章完全推翻了。接著他說他的愛情學問是從女巫第俄提瑪領教來的。他原來和阿伽頌一般見解，她糾正了他。她使他明白：㈠愛神介乎美醜、善惡、有知與無知、神與人之間的一種精靈，是豐富和貧乏的統一，總之，就是一個哲學家；㈡愛情就是想凡是美的、善的永遠歸自己所有那一個慾望；㈢愛情的目的是在美的對象中傳播種子，憑它孕育生殖，達到凡人所能享有的不朽：生殖是以新替舊，種族與個體都時時刻刻在生滅流轉中。這種生殖可以是身體的，也可以是心靈的。詩人、立法者、教育

蘇格拉底說完話，在場的人們都讚賞他說的好，只有阿里斯托芬說蘇格拉底的話裡有一段涉及他自己，正在提出質問，猛然有人大敲前門，有一陣嘈雜的聲音，彷彿是一群歡宴者的吵鬧，其中還聽見一個吹笛女的歌聲。阿伽頌就告訴奴隸們：「出去看看是誰，如果是我的朋友，就請他們進來，否則就說我們已喝完酒，正要休息了。」

沒有一會兒，我們就聽見前院有阿爾西比亞德斯的聲音，他爛醉如泥，大聲喧嚷著問阿伽頌在哪裡，吩咐人帶他去見阿伽頌。那位吹笛女和其他隨從的人們就扶著他到我們會飲的廳裡。他到門口就站住，頭上戴著一個葡萄

者以及一切創造者都是心靈方面的生殖者；㈣愛情的深密教，也就是達到哲學極境的四大步驟。

藤和紫羅蘭編的大花冠，還纏著許多飄帶，大聲嚷道：「朋友們，你們都好呀，你們肯不肯讓一個醉漢來陪酒，還是讓我們替阿伽頌戴上花冠，戴完了就走？我們來就專爲這件事。我得告訴你們，昨天我有事，不能來參加慶祝，可是現在我來了，頭上戴了這些飄帶，我要把這些飄帶從我的頭上取下來，拿來纏在這個人的頭上，我可以說，這個最聰明最漂亮的人的頭上。你們笑，笑我喝醉了嗎？儘管你們笑，我說的卻是眞話。咳，乾脆回我一句話，我已經說明來意了，我是進來還是不進來？你們是和我喝酒，還是不和我喝酒？」

大家都嚷著歡迎他，請他人座，阿伽頌也在邀請他。他由隨從的人們扶著進來，取下頭上的飄帶，準備纏阿伽頌的頭，把飄帶舉在跟前，所以沒有看見蘇格拉底。他走到阿伽頌和蘇格拉底中間坐下，原來蘇格拉底望見他來，就已經把自己的座位讓出了。他一坐下，就擁抱阿伽頌，用飄帶纏他的頭。阿伽頌吩咐奴隸們：「把阿爾西比亞德斯的鞋脫下，讓他和我們倆躺在這床上。」「那就再好不過了，」阿爾西比亞德斯說，「你以外還有誰呢？」他轉頭一看，看見蘇格拉底，馬上跳起來嚷：「憑赫剌克勒斯呀[55]，咳，原來蘇格拉底也在這裡！你這傢伙，還是你那個老習慣，坐在這裡出其不意地來嚇我一跳，老是在出乎意外的地方碰到你！你在這裡幹什麼呢？爲什麼坐在這裡？不坐在阿里斯托芬旁邊，或是其他實在滑稽或是想滑稽的人的身邊？你居然玩了什麼花樣，坐在這裡最美的一個人旁邊，這是什麼意思？給我說來！」

55 憑有名的大力士發誓。

於是蘇格拉底說：「阿伽頌，請你設法保護我，因爲這傢伙的愛情對於我眞不是一件小麻煩。自從我鍾情於他，我就不能看一個美少年一眼，或是和他談一句話，若是有這樣的事，他就大吃其醋，用最酷毒的方法虐待我，不伸手打我就是好事。現在他的老脾氣又發作了，請你勸他和我和解，如果他要動武，還要請你保護。我眞怕他的狂熱的愛情和他的妒忌，怕得叫我發抖。」

阿爾西比亞德斯說：「不，你和我沒有什麼和解。你今天說出這樣話，下次我再報復你，至於目前，阿伽頌，把你的飄帶拿幾條給我，讓我來纏這傢伙的頭，這個奇妙驚人的頭。別讓他怪我替你戴了花冠，沒有替他戴，他這位大辯才，是一位不僅像你只在前天得到勝利，而且會永遠在一切人之中得到勝利的。」說到就做到，他拿了飄帶，纏了蘇格拉底的頭，然後歸還原位躺下。接著他又說：「朋友們，我看你們都還很清醒。這不行，你們得喝酒，你們知道，這是大家原來約定的事。現在我選我自己來做主席，一直到你們喝夠了再說。阿伽頌，叫人拿一個頂大的杯子給我，如果你有的話。別忙，用不著杯子，堂倌，你把那個涼酒的瓶子拿給我。」這瓶子要裝三斤多，他把酒斟滿，一口就把它喝乾，再叫人把它斟滿，傳給蘇格拉底，同時說：「朋友們，這瓶酒對於蘇格拉底並不是一件陷害他的東西，你要他喝多少，他就喝多少，而且永不會醉。」

堂倌斟了酒，蘇格拉底馬上就一口喝乾。厄里什馬克就問：「阿爾西比亞德斯，這是什麼一個辦法？我們就只管喝酒，也不談話，也不唱歌嗎？我們盡傻喝，像要解渴似的！」阿爾西比亞德斯回答說：「咳，厄里什馬克，你聰明爸爸的聰明兒子[56]，我向你敬禮！」厄里什馬克說：「我回敬你，但是我們究竟怎麼辦呢？」「你說怎麼辦就怎麼辦，我們只有唯命是聽，因爲常言說得好『一個醫生，勝過萬人』[57]。你且隨意開方子吧！」厄里什馬克於是說：「請聽著，在你未來之前，我們商議定了，從左到右每人都要盡力做一篇最好的頌辭，來頌揚愛神。我們都已經做過了，你既然沒有做，卻喝了酒，現在就應該輪到你來做。你做完頌辭之後，可以隨意出一個題目請蘇格拉底講，他又隨意出一個題目請他的右鄰講，其餘就這樣順次輪流下去。」阿爾西比亞德斯說：「你這辦法倒頂好，厄里什馬克，不過叫一個

56 厄里什馬克的父親阿庫門是一位名醫。

57 見《伊利亞特》卷十一。

醉漢和一些頭腦清醒的人們較量口才，恐怕不大公平。並且，親愛的朋友，你相信蘇格拉底剛才所說的那一套話嗎？事實和他所說的卻正相反。如果我在他的面前，不頌揚他而頌揚旁的，無論是人是神，就難保不挨他的拳頭。」蘇格拉底向他說：「夠了，別再說廢話了！」「憑波塞冬[58]，你別抗議，」阿爾西比亞德斯說，「在你面前，我不能頌揚旁人。」厄里什馬克插嘴說：「就這麼辦吧，你要頌揚蘇格拉底就開始頌揚吧！」阿爾西比亞德斯問。「真的嗎？厄里什馬克，你覺得我應該這樣辦，當你們的面來好好地報復這傢伙一場嗎？」蘇格拉底抗議說：「喂，我的少年人，你要幹麼呢？要頌揚我來和我開玩笑麼？還是有旁的用意呢？」「我擔保只說真話，你同意

58 憑海神發誓。

麼？」「只要你說的是眞話，我不但同意，而且還要敦促你。」阿爾西比亞德斯就說：「我不會失信。並且請你注意著，如果我說錯了，請馬上就攔阻我，告訴我：『你那句話是謊話』，因爲我不會故意撒謊。假如我記性壞，說的亂，請不要見怪，像我現在這樣醉昏昏的，想有條有理地敘述你的奇妙處，恐怕不太容易。」

「諸位，要頌揚蘇格拉底，我打算用些比喻來說。他自己也許以爲我這樣辦，是要和他開玩笑，請他放心，我用的比喻是要說明眞理，不是要開玩笑。首先我要說，他活像雕刻鋪裡擺著的那些西勒諾斯[59]像，雕刻家們把他

59 希臘神話中的林神（Satyri），其中之一專名西勒諾斯（Silenus）。這些林神們象徵自然的繁

們雕成手執管笛，身子由左右兩半合成，如果打開來，你會看見裡面隱藏著神像。其次我要說，他像林神馬西亞斯[60]。蘇格拉底，你在外表上和這些林神們相像，我想連你自己也不會辯駁。至於其他類似點，且聽我說來。你是一個厲害的嘲笑家，不是嗎？如果你否認，我可以拿出證據來。你不是一個

殖力，與酒神教關係最密切。他們的形狀很醜陋，頭髮豎立，鼻圓而孔朝天，耳尖如獸，額上有兩個小角，後面還有一條尾巴。他們歡喜酒、樂、舞以及一般感官性的享樂。蘇格拉底的形狀著名地醜陋，所以阿爾西比亞德斯拿林神像來比他。林神像是當時宗教上的工藝品，外表是林神，肚子裡藏著各種神像。

60 馬西亞斯是佛律癸亞的一個林神，善吹笛，要和阿波羅競賽音樂，相約誰背了就聽勝者任意處罰。馬西亞斯吹笛，阿波羅彈琴，詩神們做評判，評定阿波羅勝，馬西亞斯就被綁在樹上活剝皮。

吹笛手嗎？你是的，而且比林神還更高明。林神用嘴脣來叫人心蕩神怡，還要靠樂器，現在任何人用林神的調子來吹笛，都可以發生同樣效果——奧林巴斯[61]所吹的那些調子我認為還是馬西亞斯教給他的——所以無論是誰，吹笛的名手也好，普通吹笛女子也好，只要能吹林神的調子，就有力量使人們歡欣鼓舞，顯示出聽眾中哪些人需要神的保佑或是參與祕密儀式；只有林神的一些調子有這種力量，因為它們是神性的。馬西亞斯和你只有一個分別，蘇格拉底，你不消用樂器，只用單純的話語，就能產生同樣的效果。若是旁人在說話，儘管他是第一流辯才，我們絲毫不感興趣，但是一旦聽到你說

61 奧林巴斯是希臘著名的樂師，做了很多祭神歌。這幾個人都是希臘的音樂家或詩人，都是傳說中的。

話，或是聽旁人轉述你的話，儘管轉述的人口才壞，馬上我們無論男女老少就都歡欣鼓舞起來了。」

「就拿我自己來說吧，朋友們，若是不怕你們說我醉酒說瘋話，我可以向你們發誓來聲明他的言辭對我發生過什麼樣稀奇的影響，這影響就連在現在我還感覺到。我每逢聽他說話，心就狂跳起來，比科里班特們[62]在狂歡時還跳得更厲害；他的話一進到我的耳裡，眼淚就會奪眶而出，我看見過大群的聽眾也表現出和我的同樣情緒。我也聽過伯里克里斯[63]和許多其他大演說家，他們的辯才固然也使我欽佩，可是我從來沒有遇過聽蘇格拉底的那樣

62 科里班特是信奉酒神的祭司們，在酒神祭典中表現宗教熱忱於瘋狂的歌舞。

63 伯里克里斯是西元前五世紀雅典文化極盛時代的大政治家和大演說家，民主黨的首領。

的經驗，從來不覺得神魂顛倒，從來不自恨像奴隸一樣屈服。但是每逢聽這位馬西亞斯，我常感覺到我所過的這樣生活簡直過不下去。蘇格拉底，我這番話是你都無法否認的。就連在此刻，我還有這樣感覺：若是我肯聽他，就得憑他支配，就得再發生同樣的情緒。他曾逼我承認：我在許多方面都還欠缺，因爲我參與雅典的政事，就忽略了我自己的修養。因此我勉強掩耳逃避他，像逃避莎林仙女[64]一樣，怕的是坐在他身邊要一直坐到老。我生平從來不在人前感到羞愧，他是唯一的人使我對他感到羞愧，這是出人意料的。向他領教的時候，我對他勸我怎樣立身處世的話一句也不能反駁，可是一離開

64 莎林仙女住海島上，以美妙的歌聲誘乘船的過客登陸，把他們化為牲畜，見《奧德賽》卷十二。

了他，我還是不免逢迎世俗[65]。我老是逃避他，但是一見到他的面，想到從前對他的諾言，就感到羞愧。我有時甚至願望他不在人世，可是假如他眞正死了，我會感到更大的痛苦。所以我眞不知怎樣對付這傢伙才好。」

「我們這位林神怎樣用他的笛調迷惑了我，還迷惑了許多旁人，我已經說過了。現在我要告訴你們，在旁的方面他多麼像我所比喻的，他有多麼神奇的威力。我敢說，你們中間沒有一個人能了解他，現在我要繼續揭開他的面具，既然我已經開始了。你們看看，蘇格拉底對於美少年們是怎樣多情，

65 阿爾西比亞德斯雖然愛從蘇格拉底聽教，但是輕浮好名，終於在政治上失敗，出賣過雅典，雅典在西元前四〇四年被斯巴達攻陷後，他準備奔降波斯，被人刺死。柏拉圖在這裡可能是對於這位轟動一時的人物表示惋惜，同時替老師洗清失教的過錯。

他時時刻刻地纏著他們獻殷勤，一見到他們就歡天喜地的。再看，他多麼蠢，什麼也不知道，至少是他裝得像這樣。這一點不活像西勒諾斯嗎？這是他戴的外殼，像雕刻的西勒諾斯的那種外殼一樣。但是你如果把他剖開，看看他的裡面，親愛的酒友們，你們想不到他裡面隱藏著那一大肚子的智慧！我告訴你們，人的美毫不在他眼裡，他怎樣鄙視它，是你們想像不到的。他也瞧不起財富，以及一般世俗所欣羨的那些東西。這一切都不在他眼裡，我們這一班人也都不在他眼裡，他一生都在譏嘲世間人。可是到了他認眞的時候，把肚子剖開的時候，那裡面所藏的神像就露出來了，旁人看見過沒有，我不知道，我自己卻親眼見過，發見它們是那樣的神聖、珍貴、優美、奇妙，使我不由自主地五體投地，一切服從他的意志。」

「我以爲他對我的年輕貌美有眞正的愛情，自幸這是一個很吉利的兆應和運氣，希望可以用我的恩情換取他的教誨，把他所知道的都教給我。我向來頗自豪，以爲自己的年輕貌美是無人能比的。從前我去訪蘇格拉底，常帶一個隨從，以後因爲心裡有了這個計算，就把這個隨從打發走，我單獨一個人去看他。這裡我必須把實情和盤托出，請你們專心聽著，蘇格拉底你也聽著，如果我說謊，你隨時可以反駁。朋友們，我去會他，只有他和我面對面，我指望著他要趁這個機會向我說一點情人私下向愛人所說的話，心裡甚爲快活。可是我的指望落得一場空，什麼也沒有，他只和平時一樣和我交談，一天完了，把我放下，自己就走了。這次失敗之後，我邀他陪我到健身房去做運動。我和他交手練拳，心想這回可以達到我的願望。他和我交過幾次手，沒有一個旁人在場。哼，還有什麼可說的！一步也沒有進展！這辦法既然不行，我就決定大膽一點，對他用比較猛的辦法，既然開頭了，不能半途而廢，要看看他到底怎樣。因此，像情人想引誘愛人一樣，我約他來吃晚飯。他先是推辭，後來勉強答應了。第一次來了，吃完飯之後，他馬上告辭，當時我很羞愧，就讓他走了。第二次我想了一個新辦法，飯吃完之後，我不斷氣地和他攀談，一直談到深夜。他說要走，我以太晚爲藉口，強迫他留下。這樣他就和我聯床臥著，他用的就是他吃晚飯用的那張床。在這間房裡睡的沒有旁人，就只有他和我。」

「一直到這裡，我的故事可以談給任何人聽，下文的話我絕不會向你們講下去，若不是一方面因爲『酒後說眞話』——是否要連『孩子們』在一起都沒有多大關係[66]——另一方面因爲我既然開始頌揚蘇格拉底，如果把他

66 希臘有一句諺語，「酒和孩子們都說真話」。

的最光輝燦爛的行跡瞞著不說，未免不忠實。還有一層，我的情形正和遭蛇咬過的人一樣。據說一個人若是遭蛇咬了，不肯把他的感覺說給人聽，除非那人自己也是遭蛇咬過的，因爲只有親自遭蛇咬過的才能了解他，也才能原諒他，如果由於苦痛的壓迫，他所說的話和所做的事顯得不正常。我也遭咬了，咬我的那東西比蛇還更厲害，咬的地方是疼得最厲害的地方，我的心，我的靈魂，或是叫它一個旁的名稱也可以。我是被哲學的言論咬傷了，這比毒蛇還更毒，如果它咬住一個年幼的而且資稟不壞的心靈，就會使他無論做什麼，說什麼，都全憑它的支配。看看這些在座的，斐德羅、阿伽頌、厄里什馬克、保薩尼亞斯、阿里斯多德穆斯、阿里斯托芬——用不著提蘇格拉底本人——還有許多旁的人，你們每個人也都嘗過哲學的迷狂和熱情，所以我可以說給你們聽，你們會原諒我過去的行爲和今天的話語。但是對於奴僕們以及一切外人俗人，把最厚的門關起，免得聲音到了他們的耳裡。」

「好，諸位，燈熄了，佣人退出了，我想和他用不著轉彎抹角，無妨開門見山地把我的意思直說出來。所以我推了他一下，問：『蘇格拉底，你睡著了嗎？』『沒有哩，』他回答。『你知道我在想什麼嗎？』『想什麼呢？』我於是說：『我想你是唯一的一個人配得上做我的情人，可是你好像害羞，不肯向我提這件事。我的心情是這樣，我認為若是我不肯答應你，無論是在這方面，還是在其他方面，你對於我的財產或我的親友有所需要的話，我說，若是我不肯答應你，我就傻了。我心裡想，人生最重要的事莫過於提高自己的修養；要達到這個目的，我不能找到一個比你更好的導師。因此，我覺得若是像你這樣一個人向我有所要求而我不肯答應的話，在高明人面前，我會感覺到比答應了在俗人面前所感到的羞愧更大。』聽到我這番話之後，蘇格拉底用他所慣有的特有的那副天眞神氣回答說：『親愛的阿爾西比亞德斯，你說到我的那番話如果是眞的，如果我確實有一種力量能幫助你提高你的修養，你倒還是眞不愚笨。若是那樣，你就一定發現我有一種眞正偉大的美，遠超過你的貌美。若是這個發現使你起了念頭要分享我的這種美，要用美換美，你的算盤就打得很好，占了我一些便宜，因爲你拿出來的是外表美，要換得的是實在美，這眞是所謂「以銅換金」。但是，親愛的朋友，你得再加審愼地考察一番，你也許看錯了，我也許毫無價値。到了肉眼開始朦朧的時候，心眼才尖銳起來，你離那個時節還遠哩。』我就回答他說：『我要說的話都說給你聽了，沒有一句不是眞心話，現在就等你考慮，看什麼樣辦法對於你和我才最好。』他說：『你說的很對，將來總有一天我們可以考量考量，看什麼樣辦法對我們才最好，在這件事上和其他事情上。』經過這番交談之後，我的箭算是射出去了，我以爲已經射中了他。因此，我就爬起來，不讓他有機會說一句話，就把我的大衣蓋在他的身上——當時正是冬天——我自己就溜進他的破大衣下面，雙手擁抱著這人，這眞正神奇的人，就這樣躺了一宵。蘇格拉底，你敢說這是謊話嗎？我的一切努力都只能引起他的鄙視，他對我所自豪的貌美簡直是嘲笑，簡直是侮辱。諸位判官們，你們今天對於蘇格拉底的傲慢，須評判評判。我憑神們和女神們向你們發誓，我和蘇格拉底睡了一夜起來之後，就像和我的父親或哥哥睡了一夜一樣！」

「從此以後，我的心情怎樣，你們不難想像了。一方面我覺得遭了他鄙視，另一方面我讚嘆他的性格、他的節制和他的鎭靜，我從來沒有碰見一個人像他那樣有理性，那樣堅定，我以爲這簡直是不可能的。因此，我既不能惱怒他，和他絕交，又沒有辦法可以引他上鉤。我知道在錢財方面他比埃阿斯對於刀矛[67]還更牢不可破，我唯一的優點，在我自己看，或許是能攻破他的武器，但是他終於脫險了。所以我找不到一條出路，只有東西遊蕩，受這人的支配，從來奴隸受主人的支配都還不至於像我這樣。」

「經過這次事情之後，他和我都參加了泡提第亞戰役。[68]我們吃飯同席。初到時他就以能吃苦耐勞見長，不僅勝過我，而且勝過軍隊裡一切人。每逢交通線斷絕，我們孤立在一個地方的時候——這在軍中是常有的事——

67 埃阿斯是特洛亞戰爭中的英雄，他的護身盾是用七層牛皮做的，所以不怕刀矛。

68 泡提第亞是希臘北部的一個城市，本受雅典統治，西元前四三三年起兵反抗希臘，經過兩年苦戰，終被雅典克服。蘇格拉底參加過這次戰役。

食糧斷絕了，沒有一個人能像他那樣忍飢挨餓。可是有時肴饌很豐盛，也沒有一個人能像他那樣狼吞虎嚥。他本來不大愛喝酒，若是強迫他喝，他的酒量比誰都強，最奇怪的是從來沒有人見過蘇格拉底喝醉。關於他的酒量，我想停一會兒你們就可以作見證。其次，他不怕冬天的酷冷——那地帶冬天是很可怕的——也很叫人吃驚。有一次下過從來沒有見過的那樣厲害的霜，兵士們沒有一個人敢出門，就是出門的話，也必定穿的非常厚，穿上鞋還裹上毯；但是他照舊出去走，穿著他原來常穿的那件大衣，赤著腳在冰上走，比起穿鞋的人走著還更自在，叫兵士們都斜著眼睛看他，以爲他有意輕視他們。」

「他在軍中的情形如此。『但是這位勇敢的英雄還立過旁的功績』[69]，那也是在軍中的事，值得一談。一天大清早他遇到一個問題，就在一個地點站著不動，凝神默想，想不出來，他不肯放手，仍然站著不動去默想。一直站到正午，人們看到他，都很驚奇，互相傳語說：『從天亮，蘇格拉底就一直站在那裡默想！』到了傍晚，旁觀者中有幾個人吃過晚飯——當時正是夏天——就搬出他們的鋪席，睡在露天裡，想看他是否站著過夜。果然，他站在那裡一直站到天亮，到太陽升起來了，向太陽做了禱告，他才扯腳走開。」

「你們想不想知道他在戰場上的情形？丟開這層不說，也未免不公道。

69 見《奧德賽》卷四。

在那次戰爭中將官們發給我一個英勇獎章，那一次全軍中就只有他一人救了我的命。我受了傷，他守著我不肯走，結果把我的盔甲和我自己都救出危險。我就請求將官們把英勇獎章發給你，蘇格拉底，這是事實，我想你不會罵我或是反駁我。將官們看到我的階級，有意要把獎章給我，你比他們還更堅持，一定要讓獎章給我，你自己不肯要。在德利烏門戰敗之後[70]，全軍撤退，蘇格拉底當時的態度也很值得欽佩。當時我碰巧在場，我騎著馬，他背著重兵器徒步走。隊伍全散亂了，他跟著拉克斯[71]一起退走。我碰巧趕上他

70 德利烏門是玻俄提亞的一個城市。西元前四二一年玻俄提亞和雅典在此交戰，把雅典打敗了。

71 拉克斯是這次戰役中的雅典將官。

們，一望見他們，我就告訴他們不要怕，我絕不丟開他們，那給了我一個好機會——比在泡提第亞的機會更好——來觀察蘇格拉底——因爲我騎著馬，自己倒沒有什麼可怕的。我觀察到兩點，頭一點，他遠比拉克斯鎮靜；第二點，阿里斯托芬，像你的詩句所說的，他在那裡走路的樣子像在雅典一樣：『昂首闊步，斜目四顧』[72]，看到敵人也好，看到朋友也好，都是那樣鎮靜地斜著眼看著，叫每個人遠遠地望到他，就知道他不是好惹的，若是挨到他，他會拿出堅強的抵抗。因此，他和他的伴侶都安然脫險，因爲在戰場上

72 引語見阿里斯托芬的喜劇《雲》第三六二行。《雲》本是為譏嘲蘇格拉底而寫的。蘇格拉底被控處死。《雲》是一個導火線。柏拉圖把這句本是諷刺的話改為頌揚的話，可見他寫這篇對話時，心裡記得《雲》這宗公案。所以有人以為阿爾西比亞德斯的頌辭是對於《雲》的答辯。

人們遇到像這樣神氣的人照例不敢輕於冒犯，人們所窮追的是些抱頭鼠竄的人。」

「此外，蘇格拉底值得我們頌揚的稀奇事蹟還很多，不過在旁的活動範圍裡，同樣的話也許可以應用到旁人身上。有一點特別值得讚賞的，就是無論在古人還是在今人之中，找不到一個可以和他相比的人。比如說，提起阿喀琉斯，你可以拿布剌什達斯[73]或旁人和他相比；提起伯里克里斯，你可以拿涅斯托、安忒諾[74]或許多可以想到的人和他相比；同樣地，許多偉大人物都各有他們的儕輩。可是談到蘇格拉底這個怪人，無論在風度方面還是在言

73 布剌什達斯是西元前五世紀斯巴達的戰鬥英雄，幾次打敗過雅典，死於戰役。

74 特洛亞戰爭中有兩個善於辭令的老謀臣，在希臘方面是涅斯托，在特洛亞方面是安忒諾。

論方面，你在古今找不出一個人來可以和他相比，除非你採取我的辦法，不拿他比人，而拿他比林神和西勒諾斯，無論是就風度看，還是就言論看。」

「我說他的言論，因爲我在開頭時忘記說，他在這方面尤其活像剖開的西勒諾斯。如果你要聽蘇格拉底談話，開頭你會覺得頂可笑。在表面上他的字句很荒謬，就恰像魯莽的林神所蒙的那張皮。他談的盡是扛貨的驢子、鐵匠、鞋匠、皮匠，他好像老是在說重複話，字句重複，思想也重複，就連一個無知的或愚笨的人聽到，也會傳爲笑柄。但是剖開他的言論，往裡面看，你就會發現它們骨子裡全是道理，而且也只有它們才是道理；然後你會覺得他的言論眞神明，最富於優美品質的意象，含有最崇高的意旨，表達出凡是求美求善的人們都應該知道的道理。」

「朋友們，這就是我頌揚蘇格拉底的話，同時關於他對於我的侮謾，我也夾雜了一些埋怨的話。並不只是我一個人受過他的這樣待遇，格羅康的兒子卡爾米德，第俄克利斯的兒子歐西德莫斯一世[75]，以及許多旁人都受過他的騙，他假裝情人，而所演的卻是愛人的角色。阿伽頌，我告訴你這一切，免得你也受他的騙。我的慘痛經驗對於你是一個教訓，謹防著不要像諺語中的傻瓜，『跌了跤才知道疼』。」[76]

阿爾西比亞德斯說完之後，在座的人們不免發笑，他的坦白見出他對

75 卡爾米德是拍拉圖的母舅，歐西德莫斯一世只在克塞諾豐的《回憶錄》（記蘇格拉底言行的）露過一次面，都是蘇格拉底的弟子。

76 阿爾西比亞德斯對蘇格拉底的頌辭是拿蘇格拉底看作哲學和愛情的具體化。

蘇格拉底還未能忘情。蘇格拉底就接著說：「阿爾西比亞德斯，我看你今天並沒有醉，若不然，你就不會用許多漂亮話來轉彎抹角地掩蓋你這一大篇話的本意。這個本意你只在收尾時偶然提到，使人看不出你的唯一目的在挑撥離間阿伽頌和我，藉口我只應愛你不能愛旁人，阿伽頌也只應接受你的愛，不能接受旁人的愛。可是你的詭計已經被我們戳穿了，你的那幕林神和西勒諾斯的把戲也迷惑不著人了。親愛的阿伽頌，別讓我們中他的計，提防著不讓他離間我們。」阿伽頌回答說：「你說的可不是眞話，蘇格拉底！我疑心阿爾西比亞德斯跑到我們兩人中間坐著，顯然就是想把我們隔開。可是他的如意算盤打不成，我馬上就換位置，躺到你旁邊來。」「那辦法頂好，」蘇格拉底說，「躺到我右邊來。」於是阿爾西比亞德斯就嚷：「老天爺，這傢伙也在折磨我，他想到處占我的上風。我的好人啊，你至少讓阿伽頌躺在我們倆中間！」「這不行，」蘇格拉底說，「你剛頌揚了我，依次我應該頌揚我的右鄰。如果阿伽頌坐在我的左邊，我還沒有頌揚他，他倒又要頌揚我。我的神明的朋友，就讓阿伽頌坐在我的上面吧，別妒忌我頌揚這位少年，我有極熱烈的願望要頌揚他。」「哈哈！」阿伽頌嚷，「阿爾西比亞德斯，你看，我沒有辦法留在原位，我必得換位置，好讓蘇格拉底來頌揚我！」阿爾西比亞德斯回答說：「哼，你又像平常一樣，只要蘇格拉底在場，旁人就絕對沒有機會接近美少年們。你看，他想阿伽頌躺在他旁邊，藉口找的多麼巧妙！」

阿伽頌於是起身，正準備移到蘇格拉底旁邊去躺，突然間門口到了一大群歡宴者。有人剛出門，所以門開著，他們就一直闖進來，闖到我們的會飲廳坐下。廳裡於是有一大陣喧嚷，秩序全亂了，彼此互相勸酒，大家喝的不知其量。據阿里斯多德穆斯說，厄里什馬克，斐德羅和旁人就離開那地方回家去了。阿里斯多德穆斯他睡著了，當時夜很長，他睡的很久，一直到天亮聽到雞鳴才醒。他睜眼一看，看見旁的客人睡的睡，走的走了，只有阿伽頌，阿里斯托芬和蘇格拉底三人還沒有睡，還在喝酒，一個大杯從左傳到右，傳來傳去。蘇格拉底在和他們辯論，辯論的話阿里斯多德穆斯不大記得清楚，因爲開頭他沒有聽到，而且他的頭還是昏昏沉沉的。不過他說辯論的要旨他還記得，蘇格拉底在逐漸說服其餘兩人，逼他們承認同一個人可以兼長喜劇和悲劇，一個人既能憑藝術作悲劇，也就能憑藝術作喜劇[77]。其餘兩

77 這個看法和《理想國》卷三裡所說的正相反。參看《柏拉圖文藝對話集》（五南圖書出版）第六十五至六十六頁。

人逼得不能不承認，其實都只模模糊糊地在聽，不久就開始打盹，阿里斯托芬先睡著，到天快亮的時候，阿伽頌也跟著睡著了。蘇格拉底看見兩人睡的很舒服，就起身走出去，由阿里斯多德穆斯陪著，像平常習慣一樣。他到利賽宮[78]洗了一個澡，照平時一樣度過那一天，到晚間才回家去休息。

根據Léon Robin參照W. R. M. Lamb和Meunier譯

78 利賽宮在雅典城東門外伊利蘇河邊，是一個健身房。

掌中書 010

論愛美與哲學修養

柏拉圖《會飲篇》

Symposium

作　　者 —— 柏拉圖
譯　　者 —— 朱光潛
企畫主編 —— 蘇美嬌
封面設計 —— 姚孝慈
出 版 者 —— 五南圖書出版股份有限公司
發 行 人 —— 楊榮川
總 經 理 —— 楊士清
總 編 輯 —— 楊秀麗
地　　址 —— 台北市大安區 106 和平東路二段 339 號 4 樓
電　　話 —— 02-27055066（代表號）
傳　　眞 —— 02-27066100
劃撥帳號 —— 01068953
戶　　名 —— 五南圖書出版股份有限公司
網　　址 —— https://www.wunan.com.tw
電子郵件 —— wunan@wunan.com.tw
法律顧問 —— 林勝安律師
出版日期 —— 2022 年 7 月初版一刷
2024 年 8 月二版一刷
定　　價 —— 250 元

版權所有 翻印必究（缺頁或破損請寄回更換）

國家圖書館出版品預行編目資料

論愛美與哲學修養：柏拉圖 << 會飲篇 >> / 柏拉圖 (Plato) 著；朱光潛譯 . -- 二版 . -- 臺北市：五南圖書出版股份有限公司，2024.08
面；　公分 . -- (掌中書 ; 10)
譯自：ymposium.
ISBN 978-626-393-466-5 (平裝)

1.CST: 柏拉圖 (Plato, 427-347 B.C.)　2.CST: 學術思想　3.CST: 古希臘哲學　4.CST: 愛

141.4　　113008744